book2

Deutsch – Portugiesisch
für Anfänger

Ein Buch in 2 Sprachen

www.book2.de

GOETHE
VERLAG

IMPRESSUM

Johannes Schumann:
book2 Deutsch - Portugiesisch
EAN-13 (ISBN-13): 978-3-938141-30-4

Goethe-Verlag GmbH
Postfach 152008
80051 München
Germany

Fax +49-89-74790012
www.book2.de
www.goethe-verlag.com

Inhaltsverzeichnis

1 [eins]

Personen

1 [um]

Pessoas

ich	eu
ich und du	eu e tu
wir beide	nós dois
er	ele
er und sie	ele e ela
sie beide	eles dois / elas duas
der Mann	o homem
die Frau	a mulher
das Kind	a criança
eine Familie	uma família
meine Familie	a minha família
Meine Familie ist hier.	A minha família está aqui.
Ich bin hier.	Eu estou aqui.
Du bist hier.	Tu estás aqui.
Er ist hier und sie ist hier.	Ele está aqui e ela está aqui.
Wir sind hier.	Nós estamos aqui.
Ihr seid hier.	Vocês estão aqui.
Sie sind alle hier.	Eles todos estão aqui.

2 [zwei]

Familie

2 [dois]

Família

der Großvater	o avô
die Großmutter	a avó
er und sie	ele e ela
der Vater	o pai
die Mutter	a mãe
er und sie	ele e ela
der Sohn	o filho
die Tochter	a filha
er und sie	ele e ela
der Bruder	o irmão
die Schwester	a irmã
er und sie	ele e ela
der Onkel	o tio
die Tante	a tia
er und sie	ele e ela
Wir sind eine Familie.	Nós somos uma família.
Die Familie ist nicht klein.	A família não é pequena.
Die Familie ist groß.	A família é grande.

3 [drei]

Kennen lernen

3 [três]

Conhecer

Hallo!

Guten Tag!

Wie geht's?

Kommen Sie aus Europa?

Kommen Sie aus Amerika?

Kommen Sie aus Asien?

In welchem Hotel wohnen Sie?

Wie lange sind Sie schon hier?

Wie lange bleiben Sie?

Gefällt es Ihnen hier?

Machen Sie hier Urlaub?

Besuchen Sie mich mal!

Hier ist meine Adresse.

Sehen wir uns morgen?

Tut mir Leid, ich habe schon etwas vor.

Tschüs!

Auf Wiedersehen!

Bis bald!

Olá! / *Alô! (am.)*

Bom dia!

Como vai?

Você é da Europa?

Você é da América?

Você é da Ásia?

Em que hotel *(você)* vive?

Há quanto tempo já cá está / *está aqui (am.)*?

Quanto tempo fica?

Gosta disto aqui?

Está a passar / *passando (am.)* férias aqui?

Visita-me um dia!

Aqui está a minha morada.

Vemo-nos amanhã?

Lamento, mas já tenho planos.

Adeus! / *Tchau! (am.)*

Até á próxima!

Até breve!

4 [vier]

In der Schule

4 [quatro]

Na escola

Wo sind wir?
Wir sind in der Schule.
Wir haben Unterricht.

Das sind die Schüler.
Das ist die Lehrerin.
Das ist die Klasse.

Was machen wir?
Wir lernen.
Wir lernen eine Sprache.

Ich lerne Englisch.
Du lernst Spanisch.
Er lernt Deutsch.

Wir lernen Französisch.
Ihr lernt Italienisch.
Sie lernen Russisch.

Sprachen lernen ist interessant.
Wir wollen Menschen verstehen.
Wir wollen mit Menschen sprechen.

Onde estamos?
Nós estamos na escola.
Nós temos aulas.

Estes são os alunos.
Esta é a professora.
Esta é a turma.

O que fazemos?
Nós aprendemos.
Nós aprendemos uma língua.

Eu aprendo inglês.
Tu aprendes espanhol.
Ele aprende alemão.

Nós aprendemos francês.
Vocês aprendem italiano.
Eles / elas aprendem russo.

Aprender línguas é muito interessante.
Nós queremos entender pessoas.
Nós queremos falar com pessoas.

5 [fünf]

Länder und Sprachen

5 [cinco]

Países e línguas

John ist aus London.
London liegt in Großbritannien.
Er spricht Englisch.

Maria ist aus Madrid.
Madrid liegt in Spanien.
Sie spricht Spanisch.

Peter und Martha sind aus Berlin.
Berlin liegt in Deutschland.
Sprecht ihr beide Deutsch?

London ist eine Hauptstadt.
Madrid und Berlin sind auch Hauptstädte.
Die Hauptstädte sind groß und laut.

Frankreich liegt in Europa.
Ägypten liegt in Afrika.
Japan liegt in Asien.

Kanada liegt in Nordamerika.
Panama liegt in Mittelamerika.
Brasilien liegt in Südamerika.

João é de Londres.
Londres fica na Grã-Bretanha.
Ele fala inglês.

Maria é de Madrid.
Madrid fica na Espanha.
Ela fala espanhol.

Pedro e Marta são de Berlim.
Berlim fica na Alemanha.
Vocês dois falam alemão?

Londres é uma capital.
Madrid e Berlim também são capitais.
As capitais são grandes e barulhentas.

A França fica na Europa.
O Egipto fica na África.
O Japão fica na Ásia.

O Canadá fica na América do Norte.
O Panamá fica na América Central.
O Brasil fica na América do Sul.

6 [sechs]

Lesen und schreiben

Ich lese.

Ich lese einen Buchstaben.

Ich lese ein Wort.

Ich lese einen Satz.

Ich lese einen Brief.

Ich lese ein Buch.

Ich lese.

Du liest.

Er liest.

Ich schreibe.

Ich schreibe einen Buchstaben.

Ich schreibe ein Wort.

Ich schreibe einen Satz.

Ich schreibe einen Brief.

Ich schreibe ein Buch.

Ich schreibe.

Du schreibst.

Er schreibt.

6 [seis]

Ler e escrever

Eu leio.

Eu leio uma letra.

Eu leio uma palavra.

Eu leio uma frase.

Eu leio uma carta.

Eu leio um livro.

Eu leio.

Tu lês.

Ele lê.

Eu escrevo.

Eu escrevo uma letra.

Eu escrevo uma palavra.

Eu escrevo uma frase.

Eu escrevo uma carta.

Eu escrevo um livro.

Eu escrevo.

Tu escreves.

Ele escreve.

7 [sieben]

Zahlen

7 [sete]

Números

Ich zähle:	Eu conto:
eins, zwei, drei	um, dois, três
Ich zähle bis drei.	Eu conto até três.
Ich zähle weiter:	Eu continuo a contar / *contando (am.)*:
vier, fünf, sechs,	quatro, cinco, seis
sieben, acht, neun	sete, oito, nove
Ich zähle.	Eu conto.
Du zählst.	Tu contas.
Er zählt.	Ele conta.
Eins. Der Erste.	Um. O primeiro / a primeira.
Zwei. Der Zweite.	Dois. O segundo / a segunda.
Drei. Der Dritte.	Três. O terceiro / a terceira.
Vier. Der Vierte.	Quatro. O quarto / a quarta.
Fünf. Der Fünfte.	Cinco. O quinto / a quinta.
Sechs. Der Sechste.	Seis. O sexto / a sexta.
Sieben. Der Siebte.	Sete. O sétimo / a sétima.
Acht. Der Achte.	Oito. O oitavo / a oitava.
Neun. Der Neunte.	Nove. O nono / a nona.

8 [acht]

Uhrzeiten

8 [oito]

A hora

Entschuldigen Sie!
Wie viel Uhr ist es, bitte?
Danke vielmals.

Desculpe!
Que horas são por favor?
Muitíssimo obrigado / obrigada.

Es ist ein Uhr.
Es ist zwei Uhr.
Es ist drei Uhr.

É uma hora.
São duas horas.
São três horas.

Es ist vier Uhr.
Es ist fünf Uhr.
Es ist sechs Uhr.

São quatro horas.
São cinco horas.
São seis horas.

Es ist sieben Uhr.
Es ist acht Uhr.
Es ist neun Uhr.

São sete horas.
São oito horas.
São nove horas.

Es ist zehn Uhr.
Es ist elf Uhr.
Es ist zwölf Uhr.

São dez horas.
São onze horas.
São doze horas.

Eine Minute hat sechzig Sekunden.
Eine Stunde hat sechzig Minuten.
Ein Tag hat vierundzwanzig Stunden.

Um minuto tem sessenta segundos.
Uma hora tem sessenta minutos.
Um dia tem vinte e quatro horas.

9 [neun]

Wochentage

9 [nove]

Dias de semana

der Montag	a segunda-feira
der Dienstag	a terça-feira
der Mittwoch	a quarta-feira
der Donnerstag	a quinta-feira
der Freitag	a sexta-feira
der Samstag	o sábado
der Sonntag	o domingo
die Woche	a semana
von Montag bis Sonntag	da segunda-feira a domingo
Der erste Tag ist Montag.	O primeiro dia é a segunda-feira.
Der zweite Tag ist Dienstag.	O segundo dia é a terça-feira.
Der dritte Tag ist Mittwoch.	O terceiro dia é a quarta-feira.
Der vierte Tag ist Donnerstag.	O quarto dia é a quinta-feira.
Der fünfte Tag ist Freitag.	O quinto dia é a sexta-feira.
Der sechste Tag ist Samstag.	O sexto dia é o sábado.
Der siebte Tag ist Sonntag.	O sétimo dia é o domingo.
Die Woche hat sieben Tage.	A semana tem sete dias.
Wir arbeiten nur fünf Tage.	Só trabalhamos cinco dias.

10 [zehn]

estern - heute - morgen

Gestern war Samstag.
Gestern war ich im Kino.
Der Film war interessant.

Heute ist Sonntag.
Heute arbeite ich nicht.
Ich bleibe zu Hause.

Morgen ist Montag.
Morgen arbeite ich wieder.
Ich arbeite im Büro.

Wer ist das?
Das ist Peter.
Peter ist Student.

Wer ist das?
Das ist Martha.
Martha ist Sekretärin.

Peter und Martha sind Freunde.
Peter ist der Freund von Martha.
Martha ist die Freundin von Peter.

10 [dez]

Ontem - hoje- amanhã

Ontem foi sábado.
Ontem estive no cinema.
O filme foi interessante.

Hoje é domingo.
Hoje não trabalho.
Eu fico em casa.

Amanhã é segunda-feira.
Amanhã volto a trabalhar.
Eu trabalho no escritório.

Quem é este?
Este é o Pedro.
Pedro é estudante.

Quem é?
É a Marta.
Marta é secretária.

Pedro e Marta são amigos.
Pedro é o amigo da Marta.
Marta é a amiga do Pedro.

11 [elf]

Monate

11 [onze]

Meses

der Januar	Janeiro
der Februar	Fevereiro
der März	Março
der April	Abril
der Mai	Maio
der Juni	Junho
Das sind sechs Monate.	Isto são seis meses.
Januar, Februar, März,	Janeiro, Fevereiro, Março,
April, Mai und Juni.	Abril, Maio, Junho.
der Juli	Julho
der August	Agosto
der September	Setembro
der Oktober	Outubro
der November	Novembro
der Dezember	Dezembro
Das sind auch sechs Monate.	Isto também são seis meses.
Juli, August, September,	Julho, Agosto, Setembro
Oktober, November und Dezember.	Outubro, Novembro e Dezembro.

12 [zwölf]

Getränke

12 [doze]

Bebidas

Ich trinke Tee.
Ich trinke Kaffee.
Ich trinke Mineralwasser.

Trinkst du Tee mit Zitrone?
Trinkst du Kaffee mit Zucker?
Trinkst du Wasser mit Eis?

Hier ist eine Party.
Die Leute trinken Sekt.
Die Leute trinken Wein und Bier.

Trinkst du Alkohol?
Trinkst du Whisky?
Trinkst du Cola mit Rum?

Ich mag keinen Sekt.
Ich mag keinen Wein.
Ich mag kein Bier.

Das Baby mag Milch.
Das Kind mag Kakao und Apfelsaft.
Die Frau mag Orangensaft und Grapefruitsaft.

Eu bebo chá.
Eu bebo café.
Eu bebo água mineral.

Bebes chá com limão?
Bebes café com açúcar?
Bebes água com gelo?

Aqui há uma festa.
As pessoas bebem espumante.
As pessoas bebem vinho e cerveja.

Você bebe (am.) / Bebes álcool?
Você bebe (am.) / Bebes uísque?
Você bebe (am.) / Bebes Coca Cola com rum?

Eu não gosto de espumante.
Eu não gosto de vinho.
Eu não gosto de cerveja.

O bebé / *bebê (am.)* gosta de leite.
A criança gosta de chocolate e sumo de maçã.
A mulher gosta de sumo de laranja e de sumo de toranja.

13 [dreizehn]

Tätigkeiten

13 [treze]

Actividades / *Atividad*
(am.)

Was macht Martha?	O que faz a Marta?
Sie arbeitet im Büro.	Ela trabalha no escritório.
Sie arbeitet am Computer.	Ela trabalha no computador.
Wo ist Martha?	Onde está Marta?
Im Kino.	No cinema.
Sie schaut sich einen Film an.	Ela vê um filme.
Was macht Peter?	O que faz Pedro?
Er studiert an der Universität.	Ele estuda na universidade.
Er studiert Sprachen.	Ele estuda línguas.
Wo ist Peter?	Onde está o Pedro?
Im Café.	No café.
Er trinkt Kaffee.	Ele bebe café.
Wohin gehen sie gern?	Para onde eles gostam de ir?
Ins Konzert.	Ao concerto.
Sie hören gern Musik.	Eles gostam de ouvir música.
Wohin gehen sie nicht gern?	Para onde eles não gostam de ir?
In die Disco.	À discoteca.
Sie tanzen nicht gern.	Eles não gostam de dançar.

14 [vierzehn]

Farben

14 [catorze]

Cores

Der Schnee ist weiß.
Die Sonne ist gelb.
Die Orange ist orange.

Die Kirsche ist rot.
Der Himmel ist blau.
Das Gras ist grün.

Die Erde ist braun.
Die Wolke ist grau.
Die Reifen sind schwarz.

Welche Farbe hat der Schnee? Weiß.
Welche Farbe hat die Sonne? Gelb.
Welche Farbe hat die Orange? Orange.

Welche Farbe hat die Kirsche? Rot.
Welche Farbe hat der Himmel? Blau.
Welche Farbe hat das Gras? Grün.

Welche Farbe hat die Erde? Braun.
Welche Farbe hat die Wolke? Grau.
Welche Farbe haben die Reifen? Schwarz.

A neve é branca.
O sol é amarelo.
A laranja é de cor-de-laranja.

A cereja é vermelha.
O céu é azul.
A relva / *grama (am.)* é verde.

A terra é castanha / *marrom (am.)*.
A nuvem é cinzenta.
Os pneus são pretos.

De que cor é a neve? Branca.
De que cor é o sol? Amarelo.
De que cor é a laranja? Cor-de-laranja.

De que cor é a cereja? Vermelha.
De que cor é o céu? Azul.
De que cor é a relva / *grama (am.)*? Verde.

De que cor é a terra? Castanha / *Marrom. (am.)*
De que cor é a nuvem? Cinzenta.
De que cor são os pneus? Pretos.

15 [fünfzehn]

Früchte und Lebensmittel

15 [quinze]

Frutas e alimentos

Ich habe eine Erdbeere.	Eu tenho um morango.
Ich habe eine Kiwi und eine Melone.	Eu tenho um kiwi e um melão.
Ich habe eine Orange und eine Grapefruit.	Eu tenho uma laranja e uma toranja.
Ich habe einen Apfel und eine Mango.	Eu tenho uma maçã e uma manga.
Ich habe eine Banane und eine Ananas.	Eu tenho uma banana e uma ananás / *um abacaxi (am.)* .
Ich mache einen Obstsalat.	Eu faço uma salada de frutas.
Ich esse einen Toast.	Eu como uma torrada.
Ich esse einen Toast mit Butter.	Eu como uma torrada com manteiga.
Ich esse einen Toast mit Butter und Marmelade.	Eu como uma torrada com manteiga e doce.
Ich esse ein Sandwich.	Eu como uma sandes / *um sanduiche (am.)*.
Ich esse ein Sandwich mit Margarine.	Eu como uma sandes / *um sanduiche (am.)* com margarina.
Ich esse ein Sandwich mit Margarine und Tomate.	Eu como uma sandes / *um sanduiche (am.)* com margarina e tomate.
Wir brauchen Brot und Reis.	Nós precisamos de pão e arroz.
Wir brauchen Fisch und Steaks.	Nós precisamos de peixe e bifes.
Wir brauchen Pizza und Spagetti.	Nós precisamos de pizza e esparguete.
Was brauchen wir noch?	De que é que precisamos mais?
Wir brauchen Karotten und Tomaten für die Suppe.	Nós precisamos de cenouras e tomates para a sopa.
Wo ist ein Supermarkt?	Onde há um supermercado?

16 [sechzehn]

ahreszeiten und Wetter

16 [dezasseis / *dezesseis (am.)*]

Estações do ano e tempo

Das sind die Jahreszeiten:
Der Frühling, der Sommer,
der Herbst und der Winter.

Estas são as estações do ano:
A Primavera, o Verão,
o Outono, o Inverno.

Der Sommer ist heiß.
Im Sommer scheint die Sonne.
Im Sommer gehen wir gern spazieren.

O Verão é quente.
No Verão faz sol.
No Verão gostamos de passear.

Der Winter ist kalt.
Im Winter schneit oder regnet es.
Im Winter bleiben wir gern zu Hause.

O Inverno é frio.
No Inverno neva ou chove.
No Inverno gostamos de ficar em casa.

Es ist kalt.
Es regnet.
Es ist windig.

Está frio.
Está a chover / *chovendo (am.)*.
Está vento / *ventando (am.)*.

Es ist warm.
Es ist sonnig.
Es ist heiter.

Está calor.
Está sol.
Está bom tempo.

Wie ist das Wetter heute?
Es ist kalt heute.
Es ist warm heute.

Como está o tempo hoje?
Hoje está frio.
Hoje ésta calor.

17 [siebzehn]

Im Haus

17 [dezassete / *dezess*
(am.)]

Em casa

Hier ist unser Haus.	Aqui está a nossa casa.
Oben ist das Dach.	Em cima está o telhado.
Unten ist der Keller.	Em baixo está a cave.
Hinter dem Haus ist ein Garten.	Atrás da casa há um quintal.
Vor dem Haus ist keine Straße.	À frente da casa não há nenhuma estrada.
Neben dem Haus sind Bäume.	Ao lado da casa há árvores.
Hier ist meine Wohnung.	Aqui está o meu apartamento.
Hier ist die Küche und das Bad.	Aqui é a cozinha e a casa de banho / *o banheiro (am.)*.
Dort sind das Wohnzimmer und das Schlafzimmer.	Ali estão a sala de estar e o quarto de dormir.
Die Haustür ist geschlossen.	A porta da casa está fechada.
Aber die Fenster sind offen.	Mas as janelas estão abertas.
Es ist heiß heute.	Hoje está calor.
Wir gehen in das Wohnzimmer.	Nós vamos para a sala de estar.
Dort sind ein Sofa und ein Sessel.	Ali há um sofá e uma poltrona.
Setzen Sie sich!	Sente-se!
Dort steht mein Computer.	Ali está o meu computador.
Dort steht meine Stereoanlage.	Ali está a minha aparelhagem.
Der Fernseher ist ganz neu.	A televisão é nova.

18 [achtzehn]

Hausputz

18 [dezoito]

Limpeza da casa

Heute ist Samstag.	Hoje é Sábado.
Heute haben wir Zeit.	Hoje temos tempo.
Heute putzen wir die Wohnung.	Hoje vamos limpar a casa.
Ich putze das Bad.	Eu limpo a casa de banho / *o banheiro (am.).*
Mein Mann wäscht das Auto.	O meu marido lava o carro.
Die Kinder putzen die Fahrräder.	As crianças lavam as bicicletas.
Oma gießt die Blumen.	A avó rega as flores.
Die Kinder räumen das Kinderzimmer auf.	As crianças arrumam o quarto das crianças.
Mein Mann räumt seinen Schreibtisch auf.	O meu marido arruma a sua secretária / *o escritório (am.).*
Ich stecke die Wäsche in die Waschmaschine.	Eu ponho a roupa na máquina de lavar.
Ich hänge die Wäsche auf.	Eu estendo a roupa.
Ich bügele die Wäsche.	Eu passo a roupa.
Die Fenster sind schmutzig.	As janelas estão sujas.
Der Fußboden ist schmutzig.	O chão está sujo.
Das Geschirr ist schmutzig.	A louça está suja.
Wer putzt die Fenster?	Quem limpa os vidros?
Wer saugt Staub?	Quem aspira?
Wer spült das Geschirr?	Quem lava a louça?

19 [neunzehn]

In der Küche

19 [dezanove / *dezeno* (*am.*)]

Na cozinha

Hast du eine neue Küche?	Tens / *Você tem (am.)* uma cozinha nova?
Was willst du heute kochen?	Que queres / *O que você quer (am.)* cozinhar hoje?
Kochst du elektrisch oder mit Gas?	Cozinhas / *Você cozinha (am.)* com um fogão elétrico ou com um fogão a gás?
Soll ich die Zwiebeln schneiden?	Vou cortar as cebolas?
Soll ich die Kartoffeln schälen?	Vou descascar as batatas?
Soll ich den Salat waschen?	Vou lavar a salada?
Wo sind die Gläser?	Onde estão os copos?
Wo ist das Geschirr?	Onde está a louça?
Wo ist das Besteck?	Onde estão os talheres?
Hast du einen Dosenöffner?	Tens / *Você tem (am.)* um abre-latas?
Hast du einen Flaschenöffner?	Tens / *Você tem (am.)* um abre-garrafas?
Hast du einen Korkenzieher?	Tens / *Você tem (am.)* um saca-rolhas?
Kochst du die Suppe in diesem Topf?	Cozinhas / *Você cozinha (am.)* a sopa nesta panela?
Brätst du den Fisch in dieser Pfanne?	Fritas / *Você frita (am.)* o peixe nesta frigideira?
Grillst du das Gemüse auf diesem Grill?	Assas / *Você assa (am.)* os legumes nesta grelha?
Ich decke den Tisch.	Eu ponho a mesa.
Hier sind die Messer, Gabeln und Löffel.	Aqui estão as facas, os garfos e as colheres.
Hier sind die Gläser, die Teller und die Servietten.	Aqui estão os copos, os pratos e os guardanapos.

20 [zwanzig]

Small Talk 1

20 [vinte]

Conversa 1

Machen Sie es sich bequem!	Esteja à sua vontade! / *Fique à vontade! (am.)*
Fühlen Sie sich wie zu Hause!	Sinta-se em casa!
Was möchten Sie trinken?	O que quer beber?
Lieben Sie Musik?	Gosta de música?
Ich mag klassische Musik.	Eu gosto de música clássica.
Hier sind meine CDs.	Aqui estão os meus CDs.
Spielen Sie ein Instrument?	Toca um instrumento?
Hier ist meine Gitarre.	Aqui está a minha guitarra.
Singen Sie gern?	Gosta de cantar?
Haben Sie Kinder?	Tem filhos?
Haben Sie einen Hund?	Tem um cão? / *Você tem cão? (am.)*
Haben Sie eine Katze?	Tem um gato? / *Você tem gato? (am.)*
Hier sind meine Bücher.	Aqui estão os meus livros.
Ich lese gerade dieses Buch.	Eu estou a ler / *lendo (am.)* este livro.
Was lesen Sie gern?	O que é que gosta de ler?
Gehen Sie gern ins Konzert?	Gosta de ir ao concerto?
Gehen Sie gern ins Theater?	Gosta de ir ao teatro?
Gehen Sie gern in die Oper?	Gosta de ir à ópera?

21 [einundzwanzig]

Small Talk 2

21 [vinte e um]

Conversa 2

Woher kommen Sie?	De onde vem?
Aus Basel.	Da Basileia.
Basel liegt in der Schweiz.	Basileia é na Suíça.
Darf ich Ihnen Herrn Müller vorstellen?	Posso lhe apresentar o Senhor Müller?
Er ist Ausländer.	Ele é estrangeiro.
Er spricht mehrere Sprachen.	Ele fala várias línguas.
Sind Sie zum ersten Mal hier?	Está pela / *Esta é sua (am.)* primeira vez aqui?
Nein, ich war schon letztes Jahr hier.	Não, já estive aqui no ano passado.
Aber nur eine Woche lang.	Mas só por uma semana.
Wie gefällt es Ihnen bei uns?	Gosta de aqui estar? / *Você gosta daqui? (am.)*
Sehr gut. Die Leute sind nett.	Gosto muito. As pessoas são muito simpáticas.
Und die Landschaft gefällt mir auch.	E também gosto da paisagem.
Was sind Sie von Beruf?	Qual é a sua profissão?
Ich bin Übersetzer.	Sou tradutor.
Ich übersetze Bücher.	Eu traduzo livros.
Sind Sie allein hier?	Está sozinho/-a aqui?
Nein, meine Frau / mein Mann ist auch hier.	Não, a minha mulher / o meu marido também está aqui.
Und dort sind meine beiden Kinder.	E ali estão os meus dois filhos.

22 [zweiundzwanzig]

Small Talk 3

22 [vinte e dois]

Conversa 3

Rauchen Sie?	Você fuma?
Früher ja.	Antigamente sim.
Aber jetzt rauche ich nicht mehr.	Mas agora já não fumo.
Stört es Sie, wenn ich rauche?	Incomoda-se / *Você se incomoda (am.)*, se eu fumar?
Nein, absolut nicht.	Não, absolutamente.
Das stört mich nicht.	Isto não me incomoda.
Trinken Sie etwas?	Bebe alguma coisa?
Einen Cognac?	Um conhaque / um brandy?
Nein, lieber ein Bier.	Não, prefiro uma cerveja.
Reisen Sie viel?	Viaja muito?
Ja, meistens sind das Geschäftsreisen.	Sim, sobretudo são viagens de negócio.
Aber jetzt machen wir hier Urlaub.	Mas agora estamos aqui de férias.
Was für eine Hitze!	Que calor!
Ja, heute ist es wirklich heiß.	Sim, hoje realmente está muito calor.
Gehen wir auf den Balkon.	Vamos para a varanda.
Morgen gibt es hier eine Party.	Amanhã há aqui uma festa / *vai acontecer uma festa aqui (am.).*
Kommen Sie auch?	*(Você)* Também vem?
Ja, wir sind auch eingeladen.	Sim, também fomos convidados.

23 [dreiundzwanzig]

Fremdsprachen lernen

23 [vinte e três]

Aprender línguas estrangeiras

Wo haben Sie Spanisch gelernt?	Onde *(você)* aprendeu o espanhol?
Können Sie auch Portugiesisch?	*(Você)* Também fala português?
Ja, und ich kann auch etwas Italienisch.	Sim e também sei um pouco de italiano.
Ich finde, Sie sprechen sehr gut.	Eu acho que você fala muito bem.
Die Sprachen sind ziemlich ähnlich.	As línguas são bastante semelhantes.
Ich kann sie gut verstehen.	Eu percebo-os bem.
Aber sprechen und schreiben ist schwer.	Mas falar e escrever é difícil.
Ich mache noch viele Fehler.	Eu ainda faço / *cometo (am.)* muitos erros.
Bitte korrigieren Sie mich immer.	Por favor corrija-me sempre.
Ihre Aussprache ist ganz gut.	A sua pronúncia é muito boa.
Sie haben einen kleinen Akzent.	Você tem um pequeno sotaque.
Man erkennt, woher Sie kommen.	Nota-se, de onde você vem.
Was ist Ihre Muttersprache?	Qual é a sua língua materna?
Machen Sie einen Sprachkurs?	Está a fazer / *fazendo (am.)* um curso de línguas?
Welches Lehrwerk benutzen Sie?	Qual é o material de ensino que você usa?
Ich weiß im Moment nicht, wie das heißt.	Eu não sei de momento como isso se chama.
Mir fällt der Titel nicht ein.	Não me lembro do título.
Ich habe das vergessen.	Eu esqueci-me / *me esqueci (am.)* disto.

24 [vierundzwanzig]	24 [vinte e quatro]
Verabredung	**Encontro**
Hast du den Bus verpasst?	Perdeste o autocarro? / *Você perdeu o ônibus (am.)*?
Ich habe eine halbe Stunde auf dich gewartet.	Eu esperei meia hora por ti / *você (am.)*.
Hast du kein Handy bei dir?	*(Você)* Não tens um telemóvel / *tem um celular (am.)* contigo?
Sei das nächste Mal pünktlich!	Para a próxima vez sê pontual! / *Da próxima vez, seja pontual (am.)*!
Nimm das nächste Mal ein Taxi!	Para a / *Da (am.)* próxima vez apanhas / *pegue (am.)* um taxi!
Nimm das nächste Mal einen Regenschirm mit!	Para a / *Da (am.)* próxima vez levas um chapéu-de-chuva! / *leve um guarda-chuva!*
Morgen habe ich frei.	Amanhã estou de folga.
Wollen wir uns morgen treffen?	Vamo-nos ver amanhã?
Tut mir Leid, morgen geht es bei mir nicht.	Lamento mas amanhã não posso.
Hast du dieses Wochenende schon etwas vor?	*(Você)* Já tens / *tem (am.)* planos para este fim-de-semana?
Oder bist du schon verabredet?	Ou já tens / *Ou você já tenm (am.)* um encontro?
Ich schlage vor, wir treffen uns am Wochenende.	Eu sugiro que vamo-nos ver ao / *nos encontremos no* fim-de-semana.
Wollen wir Picknick machen?	Vamos fazer um piquenique?
Wollen wir an den Strand fahren?	Vamos à praia?
Wollen wir in die Berge fahren?	Vamos à montanha?
Ich hole dich vom Büro ab.	Eu vou te buscar do / no escritório.
Ich hole dich von zu Hause ab.	Eu vou te buscar a / *na sua (am.)* casa.
Ich hole dich an der Bushaltestelle ab.	Eu vou te buscar na paragem do autocarro / *no ponto de ônibus (am.)*.

25 [fünfundzwanzig] | 25 [vinte e cinco]

In der Stadt | Na cidade

Ich möchte zum Bahnhof.	Gostaria de ir à estação (ferroviária).
Ich möchte zum Flughafen.	Gostaria de ir ao aeroporto.
Ich möchte ins Stadtzentrum.	Gostaria de ir ao centro.
Wie komme ich zum Bahnhof?	Como chego à estação?
Wie komme ich zum Flughafen?	Como chego ao aeroporto?
Wie komme ich ins Stadtzentrum?	Como chego ao centro?
Ich brauche ein Taxi.	Eu preciso de um taxi.
Ich brauche einen Stadtplan.	Eu preciso de um mapa.
Ich brauche ein Hotel.	Eu preciso de um hotel.
Ich möchte ein Auto mieten.	Gostaria de alugar um carro.
Hier ist meine Kreditkarte.	Aqui está o meu cartão de crédito.
Hier ist mein Führerschein.	Aqui está a minha carta de condução / *carteira de habilitação (am.)*.
Was gibt es in der Stadt zu sehen?	O que há / *tem (am.)* para se ver na cidade?
Gehen Sie in die Altstadt.	Vá à zona antiga / *ao centro histórico (am.)* da cidade.
Machen Sie eine Stadtrundfahrt.	Vá fazer um circuito turístico na / *passeio pela (am.)* cidade.
Gehen Sie zum Hafen.	Vá ao porto.
Machen Sie eine Hafenrundfahrt.	Vá fazer um circuito turístico no / *passeio pelo (am.)* porto.
Welche Sehenswürdigkeiten gibt es außerdem noch?	Que atrações turísticas há mais?

26 [sechsundzwanzig]

In der Natur

26 [vinte e seis]

Na natureza

Siehst du dort den Turm? — Estás a ver ali / *Está vendo (am.)* a torre?
Siehst du dort den Berg? — Estás a ver ali / *Está vendo (am.)* a montanha?
Siehst du dort das Dorf? — Estás a ver ali / *Está vendo (am.)* a aldeia?

Siehst du dort den Fluss? — Estás a ver ali o rio? / *Está vendo o rio ali (am.)?*
Siehst du dort die Brücke? — Estás a ver ali a ponte? / *Está vendo a ponte ali (am.)?*
Siehst du dort den See? — Estás a ver ali o lago? / *Está vendo o lago ali (am.)?*

Der Vogel da gefällt mir. — Eu gosto daquele pássaro ali.
Der Baum da gefällt mir. — Eu gosto daquela árvore ali.
Der Stein hier gefällt mir. — Eu gosto desta pedra aqui.

Der Park da gefällt mir. — Eu gosto daquele parque ali.
Der Garten da gefällt mir. — Eu gosto daquele jardim ali.
Die Blume hier gefällt mir. — Eu gosto desta flor aqui.

Ich finde das hübsch. — Eu acho isto bonito.
Ich finde das interessant. — Eu acho isto interessante.
Ich finde das wunderschön. — Eu acho isto maravilhoso.

Ich finde das hässlich. — Eu acho isto feio.
Ich finde das langweilig. — Eu acho isto aborrecido / *chato (am.)*.
Ich finde das furchtbar. — Eu acho isto horrível.

27 [siebenundzwanzig]

Im Hotel - Ankunft

27 [vinte e sete]

No hotel - chegada.

Haben Sie ein Zimmer frei?	Tem um quarto livre?
Ich habe ein Zimmer reserviert.	Eu reservei um quarto.
Mein Name ist Müller.	O meu nome é Müller.
Ich brauche ein Einzelzimmer.	Eu preciso de um quarto simples.
Ich brauche ein Doppelzimmer.	Eu preciso de um quarto duplo.
Wie viel kostet das Zimmer pro Nacht?	Quanto custa o quarto por uma noite?
Ich möchte ein Zimmer mit Bad.	Gostaria de um quarto com casa-de-banho.
Ich möchte ein Zimmer mit Dusche.	Gostaria de um quarto com chuveiro.
Kann ich das Zimmer sehen?	Posso ver o quarto?
Gibt es hier eine Garage?	Há uma garagem aqui?
Gibt es hier einen Safe?	Há um cofre aqui?
Gibt es hier ein Fax?	Há um fax aqui?
Gut, ich nehme das Zimmer.	Está bem, eu fico com o quarto.
Hier sind die Schlüssel.	Aqui estão as chaves.
Hier ist mein Gepäck.	Aqui está a minha bagagem.
Um wie viel Uhr gibt es Frühstück?	A que horas é o pequeno-almoço / *café da manhã (am.)?*
Um wie viel Uhr gibt es Mittagessen?	A que horas é o almoço?
Um wie viel Uhr gibt es Abendessen?	A que horas é o jantar?

28 [achtundzwanzig]

ı Hotel - Beschwerden

28 [vinte e oito]

No hotel - reclamações.

Die Dusche funktioniert nicht.	O chuveiro não funciona.
Es kommt kein warmes Wasser.	Não há água quente.
Können Sie das reparieren lassen?	Pode arranjar isto?
Es gibt kein Telefon im Zimmer.	Não há telefone no quarto.
Es gibt keinen Fernseher im Zimmer.	Não há televisão no quarto.
Das Zimmer hat keinen Balkon.	O quarto não tem varanda.
Das Zimmer ist zu laut.	O quarto é muito barulhento.
Das Zimmer ist zu klein.	O quarto é muito pequeno.
Das Zimmer ist zu dunkel.	O quarto é muito escuro.
Die Heizung funktioniert nicht.	O aquecimento não funciona.
Die Klimaanlage funktioniert nicht.	O ar- condicionado não funciona.
Der Fernseher ist kaputt.	A televisão está avariada.
Das gefällt mir nicht.	Não gosto.
Das ist mir zu teuer.	É muito caro.
Haben Sie etwas Billigeres?	Tem alguma coisa mais barata?
Gibt es hier in der Nähe eine Jugendherberge?	Há aqui perto uma pousada da juventude ? / *Existe algum albergue aqui perto (am.)?*
Gibt es hier in der Nähe eine Pension?	Há aqui perto uma pensão? / *Existe alguma pensão aqui perto (am.)?*
Gibt es hier in der Nähe ein Restaurant?	Há aqui perto um restaurante? / *Existe algum restaurante aqui perto (am.)?*

29 [neunundzwanzig]

Im Restaurant 1

29 [vinte e nove]

No restaurante 1

Ist der Tisch frei?	A mesa está livre?
Ich möchte bitte die Speisekarte.	Gostaria de ter a ementa / *ver o cardápio (am.)* por favor.
Was können Sie empfehlen?	O que é que *(você)* me recomenda?
Ich hätte gern ein Bier.	Gostaria de uma cerveja.
Ich hätte gern ein Mineralwasser.	Eu quero uma água mineral.
Ich hätte gern einen Orangensaft.	Eu quero um sumo / *suco (am.)* de laranja.
Ich hätte gern einen Kaffee.	Eu quero um café.
Ich hätte gern einen Kaffee mit Milch.	Eu quero café com leite.
Mit Zucker, bitte.	Com açúcar, por favor.
Ich möchte einen Tee.	Eu quero um chá.
Ich möchte einen Tee mit Zitrone.	Eu quero um chá com limão.
Ich möchte einen Tee mit Milch.	Eu quero um chá com leite.
Haben Sie Zigaretten?	Tem cigarros?
Haben Sie einen Aschenbecher?	Tem um cinzeiro?
Haben Sie Feuer?	Tem lume / *isqueiro (am.)*?
Mir fehlt eine Gabel.	Falta um garfo.
Mir fehlt ein Messer.	Falta uma faca.
Mir fehlt ein Löffel.	Falta uma colher.

30 [dreißig]

Im Restaurant 2

30 [trinta]

No restaurante 2

Einen Apfelsaft, bitte.
Eine Limonade, bitte.
Einen Tomatensaft, bitte.

Um sumo / *suco (am.)* de maçã, por favor.
Uma limonada, por favor.
Um sumo / *suco (am.)* de tomate, por favor.

Ich hätte gern ein Glas Rotwein.
Ich hätte gern ein Glas Weißwein.
Ich hätte gern eine Flasche Sekt.

Eu quero um copo de vinho tinto.
Eu quero um copo de vinho branco.
Eu quero uma garrafa de espumante.

Magst du Fisch?
Magst du Rindfleisch?
Magst du Schweinefleisch?

Gostas / *Você gosta (am.)* de peixe?
Gostas / *Você gosta (am.)* de carne de vaca?
Gostas / *Você gosta (am.)* de carne de porco?

Ich möchte etwas ohne Fleisch.
Ich möchte eine Gemüseplatte.
Ich möchte etwas, was nicht lange dauert.

Eu quero alguma coisa sem carne.
Eu quero um prato de legumes.
Eu quero alguma coisa que não demore muito.

Möchten Sie das mit Reis?
Möchten Sie das mit Nudeln?
Möchten Sie das mit Kartoffeln?

Quer ter isto com arroz?
Quer ter isto com massa?
Quer ter isto com batatas?

Das schmeckt mir nicht.
Das Essen ist kalt.
Das habe ich nicht bestellt.

Não gosto disto.
A comida está fria.
Não pedi isto.

31 [einunddreißig]

Im Restaurant 3

31 [trinta e um]

No restaurante 3

Ich möchte eine Vorspeise.	Eu quero uma entrada.
Ich möchte einen Salat.	Eu quero uma salada.
Ich möchte eine Suppe.	Eu quero uma sopa.
Ich möchte einen Nachtisch.	Eu quero uma sobremesa.
Ich möchte ein Eis mit Sahne.	Eu quero um gelado / *um sorvete (am.)* com chantilly.
Ich möchte Obst oder Käse.	Eu quero fruta ou queijo.
Wir möchten frühstücken.	Queremos tomar o pequeno-almoço / *café da manhã (am.)*.
Wir möchten zu Mittag essen.	Queremos almoçar.
Wir möchten zu Abend essen.	Queremos jantar.
Was möchten Sie zum Frühstück?	O que quer para o pequeno-almoço / *café da manhã (am.)*?
Brötchen mit Marmelade und Honig?	Pão com doce e mel?
Toast mit Wurst und Käse?	Pão torrado com presunto e queijo?
Ein gekochtes Ei?	Um ovo cozido?
Ein Spiegelei?	Um ovo estrelado?
Ein Omelett?	Uma omelete?
Bitte noch einen Joghurt.	Mais um iogurte por favor.
Bitte noch Salz und Pfeffer.	Mais sal e pimenta por favor.
Bitte noch ein Glas Wasser.	Mais um copo com água por favor.

32 [zweiunddreißig]

Im Restaurant 4

32 [trinta e dois]

No restaurante 4

Einmal Pommes frites mit Ketchup.
Und zweimal mit Mayonnaise.
Und dreimal Bratwurst mit Senf.

Was für Gemüse haben Sie?
Haben Sie Bohnen?
Haben Sie Blumenkohl?

Ich esse gern Mais.
Ich esse gern Gurken.
Ich esse gern Tomaten.

Essen Sie auch gern Lauch?
Essen Sie auch gern Sauerkraut?
Essen Sie auch gern Linsen?

Isst du auch gern Karotten?
Isst du auch gern Brokkoli?
Isst du auch gern Paprika?

Ich mag keine Zwiebeln.
Ich mag keine Oliven.
Ich mag keine Pilze.

Uma dose / *porção (am.)* de batatas fritas com ketchup.
E duas doses / *porções (am.)* com maionese.
E três salsichas grelhadas com mostarda.

O que tem de legumes?
Tem feijão?
Tem couve-flor?

Eu gosto de milho.
Eu gosto de pepinos.
Eu gosto de tomates.

Também gosta de alho francês?
Também gosta de chucrute?
Também gosta de lentilhas?

Também gosta de cenouras?
Também gosta de brócolos / *brócolis (am.)*?
Também gosta de pimentão?

Eu não gosto de cebolas.
Eu não gosto de azeitonas.
Eu não gosto de cogumelos.

33 [dreiunddreißig]

Im Bahnhof

33 [trinta e três]

Na estação

Wann fährt der nächste Zug nach Berlin?	Quando vai / *sai (am.)* o próximo comboio / *trem (am.)* para Berlim?
Wann fährt der nächste Zug nach Paris?	Quando vai / *sai (am.)* o próximo comboio / *trem (am.)* para Paris?
Wann fährt der nächste Zug nach London?	Quando vai / *sai (am.)* o próximo comboio / *trem (am.)* para Londres?
Um wie viel Uhr fährt der Zug nach Warschau?	A que horas vai o comboio / *o trem vai(am.)* para Varsóvia?
Um wie viel Uhr fährt der Zug nach Stockholm?	A que horas vai o comboio / *o trem vai(am.)* para Estocolmo?
Um wie viel Uhr fährt der Zug nach Budapest?	A que horas vai o comboio / *o trem vai(am.)* para Budapeste?
Ich möchte eine Fahrkarte nach Madrid.	Eu quero um bilhete para Madrid.
Ich möchte eine Fahrkarte nach Prag.	Eu quero um bilhete para Praga.
Ich möchte eine Fahrkarte nach Bern.	Eu quero um bilhete para Berna.
Wann kommt der Zug in Wien an?	Quando chega o comboio /*o trem(am.)* a Viena?
Wann kommt der Zug in Moskau an?	Quando chega o comboio/ *o trem(am.)* a Moscou?
Wann kommt der Zug in Amsterdam an?	Quando chega o comboio / *o trem (am.)* a Amesterdão?
Muss ich umsteigen?	Tenho de trocar de comboio? / *Preciso trocar de trem (am.)*?
Von welchem Gleis fährt der Zug ab?	De que linha parte o comboio? / *De que estação sai o trem (am.)?*
Gibt es Schlafwagen im Zug?	O comboio / trem *(am.)* tem carruagem- cama /*vagão-leito (am.)*?
Ich möchte nur die Hinfahrt nach Brüssel.	Eu só quero um bilhete /*uma passagem (am.)* de ida para Bruxelas.
Ich möchte eine Rückfahrkarte nach Kopenhagen.	Eu quero um bilhete / *uma passagem (am.)* de volta para Copenhaguen.
Was kostet ein Platz im Schlafwagen?	Quanto custa um lugar na carruagem- cama / *no vagão-leito (am.)*?

34 [vierunddreißig] | 34 [trinta e quatro]

Im Zug | No comboio

Ist das der Zug nach Berlin?	É este o comboio / *trem (am.)* para Berlim?
Wann fährt der Zug ab?	Quando parte o comboio / *trem (am.)*?
Wann kommt der Zug in Berlin an?	Quando chega o comboio / *trem (am.)* a Berlim?
Verzeihung, darf ich vorbei?	Com licença, posso passar?
Ich glaube, das ist mein Platz.	Eu penso / *acho (am.)* que este é o meu lugar.
Ich glaube, Sie sitzen auf meinem Platz.	Eu penso / *acho (am.)* que você está sentado no meu lugar.
Wo ist der Schlafwagen?	Onde está a carruagem-cama / *o vagão-leito (am.)*?
Der Schlafwagen ist am Ende des Zuges.	A carruagem-cama / *O vagão-leito (am.)* está no final do comboio / *trem (am.)*.
Und wo ist der Speisewagen? - Am Anfang.	E onde é o vagão-restaurante? No princípio.
Kann ich unten schlafen?	Posso dormir em baixo?
Kann ich in der Mitte schlafen?	Posso dormir no meio?
Kann ich oben schlafen?	Posso dormir em cima?
Wann sind wir an der Grenze?	Quando chegamos à fronteira?
Wie lange dauert die Fahrt nach Berlin?	Quanto tempo leva a viagem para Berlim?
Hat der Zug Verspätung?	O comboio / *trem (am.)* está atrasado?
Haben Sie etwas zu lesen?	Tem alguma coisa para ler?
Kann man hier etwas zu essen und zu trinken bekommen?	Tem aqui alguma coisa para comer e beber?
Würden Sie mich bitte um 7.00 Uhr wecken?	Pode me acordar às 7:00 horas?

35 [fünfunddreißig]

Am Flughafen

35 [trinta e cinco]

No aeroporto

Ich möchte einen Flug nach Athen buchen.	Eu quero marcar um voo / *vôo (am.)* para Atenas.
Ist das ein Direktflug?	É um voo / *vôo (am.)* directo?
Bitte einen Fensterplatz, Nichtraucher.	Um lugar na janela, não- fumador / *não-fumante (am.)*, por favor.
Ich möchte meine Reservierung bestätigen.	Eu quero confirmar a minha reserva.
Ich möchte meine Reservierung stornieren.	Eu quero anular / *cancelar (am.)* a minha reserva.
Ich möchte meine Reservierung umbuchen.	Eu quero trocar a minha reserva.
Wann geht die nächste Maschine nach Rom?	Quando vai / *sai (am.)* o próximo avião para Roma?
Sind noch zwei Plätze frei?	Ainda tem dois lugares?
Nein, wir haben nur noch einen Platz frei.	Não, só temos um lugar disponível.
Wann landen wir?	Quando aterramos / aterrissaremos?
Wann sind wir da?	Quando chegamos / chegaremos?
Wann fährt ein Bus ins Stadtzentrum?	Quando vai um autocarro / *sai um ônibus(am.)* para o centro da cidade?
Ist das Ihr Koffer?	Esta é a sua mala?
Ist das Ihre Tasche?	Esta é a sua bolsa?
Ist das Ihr Gepäck?	Esta é a sua bagagem?
Wie viel Gepäck kann ich mitnehmen?	Quanta bagagem posso levar?
Zwanzig Kilo.	Vinte quilos.
Was, nur zwanzig Kilo?	O quê? Só vinte quilos?

36 [sechsunddreißig]

ffentlicher Nahverkehr

36 [trinta e seis]

Transporte público

Wo ist die Bushaltestelle?	Onde é a paragem do autocarro / *o ponto do ônibus (am.)*?
Welcher Bus fährt ins Zentrum?	Qual é o autocarro / *ônibus (am.)* que vai para o centro?
Welche Linie muss ich nehmen?	Qual é a linha que tenho de apanhar?
Muss ich umsteigen?	Tenho de mudar?
Wo muss ich umsteigen?	Onde tenho de mudar?
Was kostet ein Fahrschein?	Quanto custa um bilhete / *uma passagem (am.)*?
Wie viele Haltestellen sind es bis zum Zentrum?	Quantas paragens / *paradas (am.)* são até ao centro?
Sie müssen hier aussteigen.	Tem que sair aqui.
Sie müssen hinten aussteigen.	Tem que sair atrás.
Die nächste U-Bahn kommt in 5 Minuten.	O próximo metro vem / *metrô chega(am.)* em 5 minutos.
Die nächste Straßenbahn kommt in 10 Minuten.	O próximo eléctrico vem / *bonde chega (am.)* em 10 minutos.
Der nächste Bus kommt in 15 Minuten.	O próximo autocarro vem / *ônibus chega* em 15 minutos.
Wann fährt die letzte U-Bahn?	Quando é o último metro / *metrô (am.)*?
Wann fährt die letzte Straßenbahn?	Quando parte / *sai (am.)* o último eléctrico / *bonde (am.)*?
Wann fährt der letzte Bus?	Quando parte / *sai (am.)* o último autocarro / *ônibus (am.)*?
Haben Sie einen Fahrschein?	Tem um bilhete / *uma passagem (am.)*?
Einen Fahrschein? - Nein, ich habe keinen.	Um bilhete / *Uma passagem*? Não, não tenho.
Dann müssen Sie eine Strafe zahlen.	Então tem que pagar uma multa.

37 [siebenunddreißig]

Unterwegs

37 [trinta e sete]

No caminho

Er fährt mit dem Motorrad.	Ele vai de mota / *moto (am.).*
Er fährt mit dem Fahrrad.	Ele vai de bicicleta.
Er geht zu Fuß.	Ele vai a pé.
Er fährt mit dem Schiff.	Ele vai de navio.
Er fährt mit dem Boot.	Ele vai de barco.
Er schwimmt.	Ele nada. / *Ele vai à nado (am.).*
Ist es hier gefährlich?	É perigoso aqui?
Ist es gefährlich, allein zu trampen?	É perigoso andar de boleia / *pedir carona(am.)* sozinho?
Ist es gefährlich, nachts spazieren zu gehen?	É perigoso passear sozinho à noite?
Wir haben uns verfahren.	Enganamo-nos no caminho. / *Nos perdemos no caminho (am.).*
Wir sind auf dem falschen Weg.	Estamos no caminho errado.
Wir müssen umkehren.	Temos de / *que (am.)* voltar.
Wo kann man hier parken?	Onde se pode estacionar?
Gibt es hier einen Parkplatz?	Há um parque de estacionamento aqui?
Wie lange kann man hier parken?	Quanto tempo se pode estacionar aqui?
Fahren Sie Ski?	Esquia? / *Você esquia (am.)*?
Fahren Sie mit dem Skilift nach oben?	Usa o teleférico para cima?
Kann man hier Ski leihen?	Pode-se alugar esquis aqui?

38 [achtunddreißig]

Im Taxi

38 [trinta e oito]

No táxi

Rufen Sie bitte ein Taxi.
Was kostet es bis zum Bahnhof?
Was kostet es bis zum Flughafen?

Bitte geradeaus.
Bitte hier nach rechts.
Bitte dort an der Ecke nach links.

Ich habe es eilig.
Ich habe Zeit.
Fahren Sie bitte langsamer.

Halten Sie hier bitte.
Warten Sie bitte einen Moment.
Ich bin gleich zurück.

Bitte geben Sie mir eine Quittung.
Ich habe kein Kleingeld.
Es stimmt so, der Rest ist für Sie.

Fahren Sie mich zu dieser Adresse.
Fahren Sie mich zu meinem Hotel.
Fahren Sie mich zum Strand.

Por favor chame um taxi.
Quanto custa até à estação?
Quanto custa até ao aeroporto?

Em frente, por favor.
Aqui à direita por favor.
Naquela esquina à esquerda por favor.

Eu estou com pressa.
Eu tenho tempo.
Por favor vá mais devagar.

Pare aqui, por favor.
Espere um momento por favor.
Eu já volto.

Por favor dê-me um recibo.
Eu não tenho troco.
Está certo assim.

Leve-me a esta morada / *este endereço (am.).*
Leve-me ao meu hotel.
Leve-me à praia.

39 [neununddreißig] | 39 [trinta e nove]

Autopanne

Avaria do carro

Wo ist die nächste Tankstelle?	Onde é a próxima bomba / *o póximo posto (am.)* de gasolina?
Ich habe einen Platten.	Eu estou com um pneu furado.
Können Sie das Rad wechseln?	Pode trocar o pneu?
Ich brauche ein paar Liter Diesel.	Preciso de alguns litros de gasóleo / *diesel (am.)*.
Ich habe kein Benzin mehr.	Eu não tenho mais gasolina.
Haben Sie einen Reservekanister?	Tem um bidão?
Wo kann ich telefonieren?	Onde posso telefonar?
Ich brauche einen Abschleppdienst.	Eu preciso de um reboque.
Ich suche eine Werkstatt.	Eu procuro uma oficina.
Es ist ein Unfall passiert.	Houve um acidente.
Wo ist das nächste Telefon?	Onde é o próximo telefone público?
Haben Sie ein Handy bei sich?	Tem um telemóvel consigo? / *Você tem um celular (am.)*?
Wir brauchen Hilfe.	Nós precisamos de ajuda.
Rufen Sie einen Arzt!	Chame um médico!
Rufen Sie die Polizei!	Chame a polícia!
Ihre Papiere, bitte.	Os seus papéis / *documentos (am.)*, por favor.
Ihren Führerschein, bitte.	A sua carta de condução / *carteira de motorista (am.)*, por favor.
Ihren Kfz-Schein, bitte.	Os seus documentos do carro, por favor.

40 [vierzig]

Nach dem Weg fragen

40 [quarenta]

Perguntar o caminho

Entschuldigen Sie!
Können Sie mir helfen?
Wo gibt es hier ein gutes Restaurant?

Gehen Sie links um die Ecke.
Gehen Sie dann ein Stück geradeaus.
Gehen Sie dann hundert Meter nach rechts.

Sie können auch den Bus nehmen.
Sie können auch die Straßenbahn nehmen.
Sie können auch einfach hinter mir herfahren.

Wie komme ich zum Fußballstadion?
Überqueren Sie die Brücke!
Fahren Sie durch den Tunnel!

Fahren Sie bis zur dritten Ampel.
Biegen Sie dann die erste Straße rechts ab.
Fahren Sie dann geradeaus über die nächste Kreuzung.

Entschuldigung, wie komme ich zum Flughafen?
Am besten nehmen Sie die U-Bahn.
Fahren Sie einfach bis zur Endstation.

Desculpe!
(Você) Pode me ajudar?
Onde há / *tem (am.)* um bom restaurante?

Vire à esquerda na esquina.
Depois um bocado em frente.
Depois vá cem metros para a direita.

Também pode apanhar o autocarro / *ônibus (am.)*.
Também pode apanhar o eléctrico / *bonde (am.)*.
Também pode vir atrás de mim.

Como vou ao estádio?
Atravesse a ponte!
Vá pelo túnel!

Vá até ao terceiro semáforo.
Depois corta a / *entre na (am.)* primeira rua á direita.
Depois segue em frente no próximo cruzamento.

Desculpe, como vou ao aeroporto?
É melhor você apanhar o metro / *metrô (am.)*.
Vá até à ultima paragem / *estação (am.)*.

41 [einundvierzig]

Orientierung

41 [quarenta e um]

Orientação

Wo ist das Fremdenverkehrsamt?	Onde é o posto de turismo?
Haben Sie einen Stadtplan für mich?	Tem um mapa para mim?
Kann man hier ein Hotelzimmer reservieren?	Pode-se reservar / *Eu posso reservar (am.)* um quarto de hotel aqui?
Wo ist die Altstadt?	Onde é a cidade velha / *o centro histórico (am.)*?
Wo ist der Dom?	Onde é a catedral?
Wo ist das Museum?	Onde é o museu?
Wo gibt es Briefmarken zu kaufen?	Onde se pode comprar selos?
Wo gibt es Blumen zu kaufen?	Onde se pode comprar flores?
Wo gibt es Fahrkarten zu kaufen?	Onde se pode comprar bilhetes /*passagens (am.)*?
Wo ist der Hafen?	Onde é o porto?
Wo ist der Markt?	Onde é o mercado?
Wo ist das Schloss?	Onde é o palácio?
Wann beginnt die Führung?	Quando começa a visita guiada?
Wann endet die Führung?	Quando acaba a visita guiada?
Wie lange dauert die Führung?	Quanto tempo demora a visita guiada?
Ich möchte einen Führer, der Deutsch spricht.	Eu quero um guia que fala alemão.
Ich möchte einen Führer, der Italienisch spricht.	Eu quero um guia que fala italiano.
Ich möchte einen Führer, der Französisch spricht.	Eu quero um guia que fala francês.

42 [zweiundvierzig]

Stadtbesichtigung

42 [quarenta e dois]

Visita na cidade

Ist der Markt sonntags geöffnet?	O mercado está aberto aos Domingos?
Ist die Messe montags geöffnet?	A feira está aberta às segundas-feiras?
Ist die Ausstellung dienstags geöffnet?	A exposição está aberta às terças-feiras?
Hat der Zoo mittwochs geöffnet?	O jardim zoológico está aberto às quartas-feiras?
Hat das Museum donnerstags geöffnet?	O museu está aberto às quintas-feiras?
Hat die Galerie freitags geöffnet?	A galeria está aberta às sextas-feiras?
Darf man fotografieren?	Pode-se tirar fotografias?
Muss man Eintritt bezahlen?	Tem que se pagar a entrada?
Wie viel kostet der Eintritt?	Quanto custa a entrada?
Gibt es eine Ermäßigung für Gruppen?	Há um desconto para grupos?
Gibt es eine Ermäßigung für Kinder?	Há um desconto para crianças?
Gibt es eine Ermäßigung für Studenten?	Há um desconto para estudantes?
Was für ein Gebäude ist das?	Que edifício é este?
Wie alt ist das Gebäude?	Quantos anos tem este edifício?
Wer hat das Gebäude gebaut?	Quem construiu este edifício?
Ich interessiere mich für Architektur.	Eu me interesso por arquitetura.
Ich interessiere mich für Kunst.	Eu me interesso por arte.
Ich interessiere mich für Malerei.	Eu me interesso por pintura.

43 [dreiundvierzig]

Im Zoo

43 [quarenta e três]

No jardim zoológico

Dort ist der Zoo.	Ali é o jardim zoológico.
Dort sind die Giraffen.	Ali estão as girafas.
Wo sind die Bären?	Onde estão os ursos?
Wo sind die Elefanten?	Onde estão os elefantes?
Wo sind die Schlangen?	Onde estão as cobras?
Wo sind die Löwen?	Onde estão os leões?
Ich habe einen Fotoapparat.	Eu tenho uma máquina fotográfica.
Ich habe auch eine Filmkamera.	Eu também tenho uma câmara de filmar / *filmadora (am.).*
Wo ist eine Batterie?	Onde há / *tem (am.)* uma bateria?
Wo sind die Pinguine?	Onde estão os pinguins?
Wo sind die Kängurus?	Onde estão os cangurus?
Wo sind die Nashörner?	Onde estão os rinocerontes?
Wo ist eine Toilette?	Onde há uma casa de banho? / *Onde tem um banheiro (am.)?*
Dort ist ein Café.	Ali há / *tem (am.)* um café.
Dort ist ein Restaurant.	Ali há / *tem (am.)* um restaurante.
Wo sind die Kamele?	Onde estão os camelos?
Wo sind die Gorillas und die Zebras?	Onde estão os gorilas e as zebras?
Wo sind die Tiger und die Krokodile?	Onde estão os tigres e os crocodilos?

44 [vierundvierzig]

Abends ausgehen

44 [quarenta e quatro]

Sair à noite

Gibt es hier eine Diskothek?
Gibt es hier einen Nachtclub?
Gibt es hier eine Kneipe?

Há aqui uma discoteca? / *Tem uma discoteca aqui (am.)*?
Há aqui um clube nocturno? / *Tem um clube noturno aqui (am.)*?
Há aqui um bar? / *Tem um bar aqui (am.)*?

Was gibt es heute Abend im Theater?
Was gibt es heute Abend im Kino?
Was gibt es heute Abend im Fernsehen?

O que há hoje à noite no teatro?
O que há hoje à noite no cinema?
O que há hoje à noite na televisão?

Gibt es noch Karten fürs Theater?
Gibt es noch Karten fürs Kino?
Gibt es noch Karten für das Fußballspiel?

Ainda há bilhetes / *tem ingressos (am.)* para o teatro?
Ainda há bilhetes / *tem ingressos (am.)* para o cinema?
Ainda há bilhetes / *tem ingressos (am.)* para o jogo de futebol?

Ich möchte ganz hinten sitzen.
Ich möchte irgendwo in der Mitte sitzen.
Ich möchte ganz vorn sitzen.

Eu quero sentar-me / *me sentar (am.)* atrás.
Eu quero sentar-me / *me sentar (am.)* num lugar no meio.
Eu quero sentar-me / *me sentar (am.)* à frente.

Können Sie mir etwas empfehlen?
Wann beginnt die Vorstellung?
Können Sie mir eine Karte besorgen?

Pode me recomendar alguma coisa?
Quando começa o espectáculo?
Pode-me arranjar um bilhete / *ingresso (am.)*?

Ist hier in der Nähe ein Golfplatz?
Ist hier in der Nähe ein Tennisplatz?
Ist hier in der Nähe ein Hallenbad?

Há / *Tem (am.)* aqui perto um campo de golfe?
Há / *Tem (am.)* aqui perto um campo de ténis?
Há / *Tem (am.)* aqui perto uma piscina coberta?

45 [fünfundvierzig]

Im Kino

45 [quarenta e cinco]

No cinema

Wir wollen ins Kino.
Nós queremos ir ao cinema.

Heute läuft ein guter Film.
Hoje vai dar um bom filme. / *Tem um bom filme em cartaz (am.).*

Der Film ist ganz neu.
O filme é completamente novo / *lançamento (am.).*

Wo ist die Kasse?
Onde está a caixa? / *Onde fica a bilheteria (am.)?*

Gibt es noch freie Plätze?
Ainda há / *tem (am.)* lugares?

Was kosten die Eintrittskarten?
Quanto custam os bilhetes de entrada / *ingressos (am.)?*

Wann beginnt die Vorstellung?
Quando começa a sessão?

Wie lange dauert der Film?
Quanto tempo demora o filme?

Kann man Karten reservieren?
Pode se reservar bilhetes / *ingressos?*

Ich möchte hinten sitzen.
Eu quero sentar-me / *me sentar (am.)* atrás.

Ich möchte vorn sitzen.
Eu quero sentar-me / *me sentar (am.)* à frente.

Ich möchte in der Mitte sitzen.
Eu quero sentar-me/ *me sentar (am.)* no meio.

Der Film war spannend.
O filme foi emocionante.

Der Film war nicht langweilig.
O filme não foi aborrecido / *cansativo (am.).*

Aber das Buch zum Film war besser.
Mas o livro do filme foi melhor.

Wie war die Musik?
Como foi a música? / *O que achou da música?*

Wie waren die Schauspieler?
Como foram os actores? / *O que achou dos atores?*

Gab es Untertitel in englischer Sprache?
Havia legendas em inglês?

46 [sechsundvierzig]

In der Diskothek

46 [quarenta e seis]

Na discoteca

Ist der Platz hier frei?	Este lugar aqui está livre?
Darf ich mich zu Ihnen setzen?	Posso- me sentar aqui?
Gern.	Com muito prazer.
Wie finden Sie die Musik?	Como acha a música? / *O que acha a música?*
Ein bisschen zu laut.	Um pouco alto / barulhento demais.
Aber die Band spielt ganz gut.	Mas a banda / o grupo toca bem.
Sind Sie öfter hier?	Vem muitas vezes aqui?
Nein, das ist das erste Mal.	Não, é a primeira vez.
Ich war noch nie hier.	Nunca estive aqui.
Tanzen Sie?	Dança? / *Você dança (am.)*?
Später vielleicht.	Se calhar / *Talvez (am.)* mais tarde.
Ich kann nicht so gut tanzen.	Eu não danço muito bem.
Das ist ganz einfach.	É bem fácil.
Ich zeige es Ihnen.	Eu mostro-lhe. / *Eu te mostro (am.).*
Nein, lieber ein anderes Mal.	Não, obrigado / obrigada, talvez outra vez.
Warten Sie auf jemand?	Espera por alguém?
Ja, auf meinen Freund.	Sim, espero pelo meu namorado.
Da hinten kommt er ja!	Ali vem ele!

47 [siebenundvierzig]

Reisevorbereitungen

47 [quarenta e sete]

Preparações de viage

Du musst unseren Koffer packen!	Tu tens / *Você tem(am.)* que fazer a nossa mala!
Du darfst nichts vergessen!	Tu não te podes / *Você não pode (am.)* esquecer de nada!
Du brauchst einen großen Koffer!	Tu precisas / *Você precisa de (am.)* uma mala grande!
Vergiss nicht den Reisepass!	Não te esqueças do passaport! / *Não esqueça o passaporte (am.)!*
Vergiss nicht das Flugticket!	Não te esqueças do bilhete de avião! / *Não esqueça a passagem (am.)!*
Vergiss nicht die Reiseschecks!	Não te esqueças dos /*Não esqueça os(am.)* cheques de viagem!
Nimm Sonnencreme mit.	Leva o creme solar.
Nimm die Sonnenbrille mit.	Leva os óculos de sol.
Nimm den Sonnenhut mit.	Leva o chapéu de sol.
Willst du eine Straßenkarte mitnehmen?	Queres /*Você quer (am.)* levar um mapa de estradas?
Willst du einen Reiseführer mitnehmen?	Queres / *Você quer (am.)* levar um guia?
Willst du einen Regenschirm mitnehmen?	Queres levar um chapéu de chuva? / *Você quer um guarda-chuva (am.)?*
Denk an die Hosen, die Hemden, die Socken.	Lembra-te / *Lembre-se (am.)* das calças, das camisas, das meias.
Denk an die Krawatten, die Gürtel, die Sakkos.	Lembra-te / *Lembre-se (am.)* das gravatas, dos cintos, dos casacos.
Denk an die Schlafanzüge, die Nachthemden und die T-Shirts.	Lembra-te / *Lembre-se (am.)* dos pijamas, das camisa de dormir e das t-shirts.
Du brauchst Schuhe, Sandalen und Stiefel.	Tu precisas / *Vocêprecisa (am.)* de sapatos, sandálias e botas.
Du brauchst Taschentücher, Seife und eine Nagelschere.	Tu precisas / *Vocêprecisa (am.)* de lenços, sabão e uma tesoura das unhas.
Du brauchst einen Kamm, eine Zahnbürste und Zahnpasta.	Tu precisas / *Vocêprecisa (am.)* de um pente, de uma escova de dentes e pasta de dentes.

48 [achtundvierzig]

Urlaubsaktivitäten

48 [quarenta e oito]

Atividades de férias

Ist der Strand sauber?	A praia é limpa?
Kann man dort baden?	Pode-se tomar banho ali?
Ist es nicht gefährlich, dort zu baden?	Não é perigoso tomar banho ali?
Kann man hier einen Sonnenschirm leihen?	Pode-se alugar um chapéu de sol / *guarda-sol (am.)* aqui?
Kann man hier einen Liegestuhl leihen?	Pode-se alugar aqui uma cadeira de repouso?
Kann man hier ein Boot leihen?	Pode-se alugar um barco aqui?
Ich würde gern surfen.	Eu gostava de fazer surf. / *Eu gostaria de surfar (am.).*
Ich würde gern tauchen.	Eu gostava / *Eu gostaria (am.)* de mergulhar.
Ich würde gern Wasserski fahren.	Eu gostava / *Eu gostaria (am.)* de fazer ski aquático.
Kann man ein Surfbrett mieten?	Pode-se alugar uma prancha de surf?
Kann man eine Taucherausrüstung mieten?	Pode-se alugar um equipamento de mergulho?
Kann man Wasserskier mieten?	Podem-se alugar skis aquáticos?
Ich bin erst Anfänger.	Eu sou apenas um principiante.
Ich bin mittelgut.	Eu sou mais ou menos bom.
Ich kenne mich damit schon aus.	Já sei lidar com isto.
Wo ist der Skilift?	Onde está o teleférico?
Hast du denn Skier dabei?	Trouxeste / *Você trouxe (am.)* os skis?
Hast du denn Skischuhe dabei?	Trouxeste / *Você trouxe (am.)* as botas de ski?

49 [neunundvierzig] | 49 [quarenta e nove]

Sport | Desporto

Treibst du Sport?	Fazes desporto ? / *Você pratica esporte (am.)*?
Ja, ich muss mich bewegen.	Sim, eu tenho de me mover. / *Sim, eu preciso me exercitar (am.).*
Ich gehe in einen Sportverein.	Eu estou num clube de desporto. / *Eu frequento um clube esportivo (am.).*
Wir spielen Fußball.	Nós jogamos bola.
Manchmal schwimmen wir.	Às vezes vamos nadar.
Oder wir fahren Rad.	Ou nós vamos andar de bicicleta.
In unserer Stadt gibt es ein Fußballstadion.	Na nossa cidade há / *tem (am.)* um estádio.
Es gibt auch ein Schwimmbad mit Sauna.	Também há / *tem (am.)* uma piscina com sauna.
Und es gibt einen Golfplatz.	E há / *tem (am.)* um campo de golfe.
Was gibt es im Fernsehen?	O que há / *tem (am.)* na televisão?
Gerade gibt es ein Fußballspiel.	De / *No (am.)* momento há um jogo de futebol.
Die deutsche Mannschaft spielt gegen die englische.	A equipa *(equipe)* alemã joga contra a equipa *(equipe)* inglesa.
Wer gewinnt?	Quem está a ganhar?/*Quem está ganhando (am.)?*
Ich habe keine Ahnung.	Não faço ideia.
Im Moment steht es unentschieden.	De / *No (am.)* momento está empatado.
Der Schiedsrichter kommt aus Belgien.	O árbitro é da Bélgica.
Jetzt gibt es einen Elfmeter.	Agora há / *houve (am.)* um penalty.
Tor! Eins zu null!	Golo! / *Gol (am.)*! Um a zero!

50 [fünfzig]

Im Schwimmbad

50 [cinquenta]

Na piscina

Heute ist es heiß.

Gehen wir ins Schwimmbad?

Hast du Lust, schwimmen zu gehen?

Hast du ein Handtuch?

Hast du eine Badehose?

Hast du einen Badeanzug?

Kannst du schwimmen?

Kannst du tauchen?

Kannst du ins Wasser springen?

Wo ist die Dusche?

Wo ist die Umkleidekabine?

Wo ist die Schwimmbrille?

Ist das Wasser tief?

Ist das Wasser sauber?

Ist das Wasser warm?

Ich friere.

Das Wasser ist zu kalt.

Ich gehe jetzt aus dem Wasser.

Hoje está calor.

Vamos à piscina?

Estás / Está com vontade de ir à piscina?

Tens / *Você tem (am.)* uma toalha?

Tens / *Você tem (am.)* uns calções de banho?

Tens / *Você tem (am.)* um fato de banho / *maiô (am.)*?

Podes / *Você pode (am.)* nadar?

Podes / *Você pode (am.)* mergulhar?

Podes / *Você pode (am.)* saltar para a água?

Onde está o duche / *chuveiro (am.)*?

Onde estão os balneários / *vestiários (am.)*?

Onde estão os óculos de natação?

A água é funda?

A água está limpa?

A água está quente?

Estou com frio.

A água está fria de mais.

Eu vou sair da água.

51 [einundfünfzig]

Besorgungen machen

51 [cinquenta e um]

Fazer compras

Ich will in die Bibliothek.	Eu quero ir à biblioteca.
Ich will in die Buchhandlung.	Eu quero ir para à livraria.
Ich will zum Kiosk.	Eu quero ir ao quiosque.
Ich will ein Buch leihen.	Eu quero emprestar um livro / *pegar um livro emprestado (am.).*
Ich will ein Buch kaufen.	Eu quero comprar um livro.
Ich will eine Zeitung kaufen.	Eu quero comprar um jornal.
Ich will in die Bibliothek, um ein Buch zu leihen.	Eu quero ir à biblioteca para emprestar um livro / *pegar um livro emprestado (am.).*
Ich will in die Buchhandlung, um ein Buch zu kaufen.	Eu quero ir à livraria para comprar um livro.
Ich will zum Kiosk, um eine Zeitung zu kaufen.	Eu quero ir ao quiosque para comprar um jornal.
Ich will zum Optiker.	Eu quero ir ao oculista.
Ich will zum Supermarkt.	Eu quero ir ao supermercado.
Ich will zum Bäcker.	Eu quero ir ao padeiro.
Ich will eine Brille kaufen.	Eu quero comprar uns óculos.
Ich will Obst und Gemüse kaufen.	Eu quero comprar frutas e legumes.
Ich will Brötchen und Brot kaufen.	Eu quero comprar bolinhas e pão.
Ich will zum Optiker, um eine Brille zu kaufen.	Eu quero ir ao oculista para comprar uns óculos.
Ich will zum Supermarkt, um Obst und Gemüse zu kaufen.	Eu quero ir ao supermercado para comprar frutas e legumes.
Ich will zum Bäcker, um Brötchen und Brot zu kaufen.	Eu quero ir ao padeiro para comprar pão.

52 [zweiundfünfzig]

Im Kaufhaus

52 [cinquenta e dois]

No hipermercado

Gehen wir in ein Kaufhaus?
Ich muss Einkäufe machen.
Ich will viel einkaufen.

Wo sind die Büroartikel?
Ich brauche Briefumschläge und Briefpapier.
Ich brauche Kulis und Filzstifte.

Wo sind die Möbel?
Ich brauche einen Schrank und eine Kommode.
Ich brauche einen Schreibtisch und ein Regal.

Wo sind die Spielsachen?
Ich brauche eine Puppe und einen Teddybär.
Ich brauche einen Fußball und ein Schachspiel.

Wo ist das Werkzeug?
Ich brauche einen Hammer und eine Zange.
Ich brauche einen Bohrer und einen Schraubenzieher.

Wo ist der Schmuck?
Ich brauche eine Kette und ein Armband.
Ich brauche einen Ring und Ohrringe.

Vamos a um hipermercado?
Eu tenho de fazer compras.
Eu quero comprar muito.

Onde estão os artigos de escritório?
Eu preciso de envelopes e papel de carta.
Eu preciso de canetas e de canetas de feltro / pincéis de desenho.

Onde estão os móveis?
Eu preciso de um armário e de uma cômoda.
Eu preciso de uma (mesa de) secretária e de uma estante.

Onde estão os brinquedos?
Eu preciso de uma boneca e de um urso de peluche / *pelúcia (am.)*.
Eu preciso de uma bola e de um jogo de xadrez.

Onde estão as ferramentas?
Eu preciso de um martelo e de um alicate.
Eu preciso de um berbequim / *uma furadeira (am.)* e de uma chave de fendas.

Onde estão as jóias?
Eu preciso de um colar e de uma pulseira.
Eu preciso de um anel e de uns brincos.

53 [dreiundfünfzig] | 53 [cinquenta e três]

Geschäfte | Lojas

Wir suchen ein Sportgeschäft.	Nós procuramos uma loja de desporto / *artigos esportivos (am.).*
Wir suchen eine Fleischerei.	Nós procuramos um talho / *um açougue (am.).*
Wir suchen eine Apotheke.	Nós procuramos uma farmácia.
Wir möchten nämlich einen Fußball kaufen.	Porque queremos comprar uma bola de futebol.
Wir möchten nämlich Salami kaufen.	Porque queremos comprar um salame.
Wir möchten nämlich Medikamente kaufen.	Porque queremos comprar medicamentos.
Wir suchen ein Sportgeschäft, um einen Fußball zu kaufen.	Nós procuramos uma loja de desporto / *artigos esportivos* para comprar uma bola de futebol.
Wir suchen eine Fleischerei, um Salami zu kaufen.	Nós procuramos um talho / *açougue* para comprar um salame.
Wir suchen eine Apotheke, um Medikamente zu kaufen.	Nós procuramos uma farmácia para comprar medicamentos.
Ich suche einen Juwelier.	Eu procuro uma joalharia / *joalheria (am.).*
Ich suche ein Fotogeschäft.	Eu procuro uma loja de fotografias.
Ich suche eine Konditorei.	Eu procuro uma pastelaria.
Ich habe nämlich vor, einen Ring zu kaufen.	Eu tenciono /*pretendo (am.)* comprar um anel.
Ich habe nämlich vor, einen Film zu kaufen.	Eu tenciono /*pretendo (am.)* comprar um rolo de fotografia / *filme (am.).*
Ich habe nämlich vor, eine Torte zu kaufen.	Eu tenciono / *pretendo (am.)* comprar uma torta.
Ich suche einen Juwelier, um einen Ring zu kaufen.	Eu procuro uma joalharia / *joalheria (am.)* para comprar um anel.
Ich suche ein Fotogeschäft, um einen Film zu kaufen.	Eu procuro uma loja de fotografias para comprar um rolo / *filme (am.).*
Ich suche eine Konditorei, um eine Torte zu kaufen.	Eu procuro uma pastelaria / *confeitaria (am.)* para comprar uma torta.

54 [vierundfünfzig]

Einkaufen

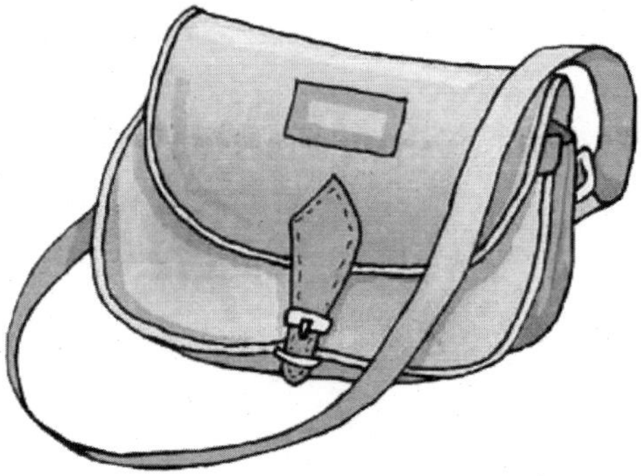

54 [cinquenta e quatro]

Comprar

Ich möchte ein Geschenk kaufen.
Aber nichts allzu Teueres.
Vielleicht eine Handtasche?

Eu quero comprar um presente.
Mas nada de muito caro.
Talvez uma mala?

Welche Farbe möchten Sie?
Schwarz, braun oder weiß?
Eine große oder eine kleine?

Que cor *(você)* quer?
Preto, castanho ou branco?
Uma grande ou uma pequena?

Darf ich diese mal sehen?
Ist die aus Leder?
Oder ist die aus Kunststoff?

Posso ver esta?
Esta é de cabedal / *couro (am.)*?
Ou é de plástico?

Aus Leder natürlich.
Das ist eine besonders gute Qualität.
Und die Handtasche ist wirklich sehr preiswert.

Claro que é de couro.
Isto é de boa qualidade.
E a bolsa é realmente muito barata.

Die gefällt mir.
Die nehme ich.
Kann ich die eventuell umtauschen?

Gosto dela.
Levo esta.
Podia trocá-la eventualmente?

Selbstverständlich.
Wir packen sie als Geschenk ein.
Dort drüben ist die Kasse.

Com certeza.
Vamos embrulhar com / *para (am.)* presente.
Ali do outro lado é a / *fica o (am.)* caixa.

55 [fünfundfünfzig] | 55 [cinquenta e cinco]

Arbeiten | Trabalhar

Was machen Sie beruflich?	O que /*Em que você (am.)* trabalha?
Mein Mann ist Arzt von Beruf.	O meu marido trabalha como médico.
Ich arbeite halbtags als Krankenschwester.	Eu trabalho em part-time / *meio período (am.)* como enfermeira.
Bald bekommen wir Rente.	Em breve recebemos a reforma /*aposentadoria (am.)*.
Aber die Steuern sind hoch.	Mas os impostos são elevados.
Und die Krankenversicherung ist hoch.	E a segurança de saúde é elevada. / *E o seguro de saúde é elevado (am.)*.
Was willst du einmal werden?	Que queres ser um dia? / *O que você quer ser no futuro (am.)?*
Ich möchte Ingenieur werden.	Eu quero ser engenheiro.
Ich will an der Universität studieren.	Eu quero estudar na universidade.
Ich bin Praktikant.	Eu sou estagiário.
Ich verdiene nicht viel.	Eu não ganho muito.
Ich mache ein Praktikum im Ausland.	Eu faço (um) estágio no estrangeiro / *exterior (am.)*.
Das ist mein Chef.	Este é o meu patrão.
Ich habe nette Kollegen.	Eu tenho colegas simpáticos.
Mittags gehen wir immer in die Kantine.	Á / Na *(am.)* hora do almoço vamos sempre à cantina.
Ich suche eine Stelle.	Eu estou à procura / *procurando (am.)* emprego.
Ich bin schon ein Jahr arbeitslos.	Eu já estou há um ano desempregado/-a.
In diesem Land gibt es zu viele Arbeitslose.	Neste país há desempregados de mais.

56 [sechsundfünfzig]

Gefühle

56 [cinquenta e seis]

Sentimentos

Lust haben

Wir haben Lust.

Wir haben keine Lust.

Angst haben

Ich habe Angst.

Ich habe keine Angst.

Zeit haben

Er hat Zeit.

Er hat keine Zeit.

Langeweile haben

Sie hat Langeweile.

Sie hat keine Langeweile.

Hunger haben

Habt ihr Hunger?

Habt ihr keinen Hunger?

Durst haben

Sie haben Durst.

Sie haben keinen Durst.

Ter vontade

Nós temos vontade.

Nós não temos vontade.

Ter medo.

Eu tenho medo.

Eu não tenho medo.

Ter tempo.

Ele tem tempo.

Ele não tem tempo.

Estar aborrecido.

Ela está aborrecida.

Ela não está aborrecida.

ter fome / estar com fome

Estão com fome?

Não estão com fome?

ter sede / estar com sede

Eles estão com sede.

Eles não estão com sede.

57 [siebenundfünfzig]

Beim Arzt

57 [cinquenta e sete]

No médico

Ich habe einen Termin beim Arzt.	Eu tenho uma consulta no médico.
Ich habe den Termin um zehn Uhr.	Eu tenho uma consulta às dez.
Wie ist Ihr Name?	Qual é o seu nome?
Bitte nehmen Sie im Wartezimmer Platz.	Aguarde na sala de espera.
Der Arzt kommt gleich.	O médico já vem.
Wo sind Sie versichert?	Qual é a sua companhia de seguros? / *Qual o seu plano de saúde (am.)?*
Was kann ich für Sie tun?	Em que lhe posso ser útil?
Haben Sie Schmerzen?	Tem dores?
Wo tut es weh?	Onde dói?
Ich habe immer Rückenschmerzen.	Eu tenho sempre dores de costas.
Ich habe oft Kopfschmerzen.	Eu tenho muitas vezes dores de cabeça.
Ich habe manchmal Bauchschmerzen.	Às vezes tenho dores de barriga.
Machen Sie bitte den Oberkörper frei!	Tire a parte de cima da sua roupa!
Legen Sie sich bitte auf die Liege!	Deite-se na marquesa se faz / *na maca (am.)* por favor!
Der Blutdruck ist in Ordnung.	A tensão / *pressão (am.)* arterial está boa.
Ich gebe Ihnen eine Spritze.	Eu vou dar-lhe / *lhe dar (am.)* uma injeção.
Ich gebe Ihnen Tabletten.	Eu vou dar-lhe / *lhe dar (am.)* comprimidos.
Ich gebe Ihnen ein Rezept für die Apotheke.	Eu vou dar-lhe / *lhe dar (am.)* uma receita para a farmácia.

58 [achtundfünfzig]

Körperteile

58 [cinquenta e oito]

Membros do corpo

Ich zeichne einen Mann.
Zuerst den Kopf.
Der Mann trägt einen Hut.

Die Haare sieht man nicht.
Die Ohren sieht man auch nicht.
Den Rücken sieht man auch nicht.

Ich zeichne die Augen und den Mund.
Der Mann tanzt und lacht.
Der Mann hat eine lange Nase.

Er trägt einen Stock in den Händen.
Er trägt auch einen Schal um den Hals.
Es ist Winter und es ist kalt.

Die Arme sind kräftig.
Die Beine sind auch kräftig.
Der Mann ist aus Schnee.

Er trägt keine Hose und keinen Mantel.
Aber der Mann friert nicht
Er ist ein Schneemann.

Eu desenho um homem.
Primeiro a cabeça.
O homem tem um chapéu.

Não se vê o cabelo.
Também não se vêem as orelhas.
As costas também não se vêem.

Eu desenho os olhos e a boca.
O homem dança e sorri.
O homem tem um nariz muito comprido.

Ele leva um pau nas mãos.
Ele também leva um cachecol no pescoço.
É inverno e está frio.

Os braços são fortes.
As pernas também são fortes.
O homem é de neve.

Ele não leva calças, nem um casaco.
Mas o homem não está com frio.
Ele é um homem de neve.

59 [neunundfünfzig]

Im Postamt

59 [cinquenta e nove]

Nos correios

Wo ist das nächste Postamt?	Onde é o correio mais próximo?
Ist es weit bis zum nächsten Postamt?	É longe para o correio mais próximo?
Wo ist der nächste Briefkasten?	Onde é a caixa de correio mais próxima?
Ich brauche ein paar Briefmarken.	Eu preciso de alguns selos.
Für eine Karte und einen Brief.	Para um postal e uma carta.
Wie teuer ist das Porto nach Amerika?	Quanto é o postal / *selo (am.)* para os Estados Unidos?
Wie schwer ist das Paket?	Quanto pesa a encomenda / o pacote?
Kann ich es per Luftpost schicken?	Posso mandá-lo por correio aéreo?
Wie lange dauert es, bis es ankommt?	Quanto tempo leva para chegar?
Wo kann ich telefonieren?	Onde posso telefonar?
Wo ist die nächste Telefonzelle?	Onde é a cabine telefónica mais próxima?
Haben Sie Telefonkarten?	Tem cartões de telefone?
Haben Sie ein Telefonbuch?	Tem uma lista telefónica?
Kennen Sie die Vorwahl von Österreich?	Sabe o indicativo para a Áustria?
Einen Augenblick, ich schau mal nach.	Um momento, vou ver.
Die Leitung ist immer besetzt.	A linha está sempre ocupada.
Welche Nummer haben Sie gewählt?	Que número marcou / *discou (am.)*?
Sie müssen zuerst die Null wählen!	Primeiro tem que marcar o zero!

60 [sechzig]

In der Bank

60 [sessenta]

No banco

Ich möchte ein Konto eröffnen. | Eu quero abrir uma conta.
Hier ist mein Pass. | Aqui está o meu passaporte.
Und hier ist meine Adresse. | E aqui está a minha morada */o meu endereço (am.)*.

Ich möchte Geld auf mein Konto einzahlen. | Eu quero depositar dinheiro na minha conta.
Ich möchte Geld von meinem Konto abheben. | Eu quero levantar / *sacar (am.)* dinheiro da minha conta.
Ich möchte die Kontoauszüge abholen. | Eu quero ir buscar os extractos de */o extrato da (am.)* conta.

Ich möchte einen Reisescheck einlösen. | Eu quero cobrar um cheque de viagem.
Wie hoch sind die Gebühren? | Qual é a taxa?
Wo muss ich unterschreiben? | Onde (eu) tenho que assinar?

Ich erwarte eine Überweisung aus Deutschland. | Estou à espera de uma transferência bancária da Alemanha.
Hier ist meine Kontonummer. | Aqui esta o número da minha conta.
Ist das Geld angekommen? | O dinheiro chegou?

Ich möchte dieses Geld wechseln. | Gostaria de trocar este dinheiro.
Ich brauche US-Dollar. | Eu preciso de dólares (americanos).
Bitte geben Sie mir kleine Scheine. | Por favor dê-me */me dê (am.)* notas pequenas.

Gibt es hier einen Geldautomat? | Há aqui um multibanco? / *Aqui tem um banco 24 horas (am.)?*
Wie viel Geld kann man abheben? | Quanto dinheiro se pode levantar?
Welche Kreditkarten kann man benutzen? | Quais os cartões de crédito que se podem usar?

61 [einundsechzig]

Ordinalzahlen

Der erste Monat ist der Januar.
Der zweite Monat ist der Februar.
Der dritte Monat ist der März.

Der vierte Monat ist der April.
Der fünfte Monat ist der Mai.
Der sechste Monat ist der Juni.

Sechs Monate sind ein halbes Jahr.
Januar, Februar, März,
April, Mai und Juni.

Der siebte Monat ist der Juli.
Der achte Monat ist der August.
Der neunte Monat ist der September.

Der zehnte Monat ist der Oktober.
Der elfte Monat ist der November.
Der zwölfte Monat ist der Dezember.

Zwölf Monate sind ein Jahr.
Juli, August, September,
Oktober, November und Dezember.

61 [sessenta e um]

Ordinal

O primeiro mês é Janeiro.
O segundo mês é Fevereiro.
O terceiro mês é Março.

O quarto mês é Abril.
O quinto mês é Maio.
O sexto mês é Junho.

Seis meses são meio ano.
Janeiro, Fevereiro, Março,
Abril, Maio, Junho.

O sétimo mês é Julho.
O oitavo mês é Agosto.
O nono mês é Setembro.

O décimo mês é Outubro.
O décimo-primeiro mês é Novembro.
O décimo-segundo mês é Dezembro.

Doze meses são um ano.
Julho, Agosto, Setembro
Outubro, Novembro, Dezembro.

62 [zweiundsechzig]

Fragen stellen 1

62 [sessenta e dois]

Fazer perguntas 1

lernen

Lernen die Schüler viel?

Nein, sie lernen wenig.

fragen

Fragen Sie oft den Lehrer?

Nein, ich frage ihn nicht oft.

antworten

Antworten Sie, bitte.

Ich antworte.

arbeiten

Arbeitet er gerade?

Ja, er arbeitet gerade.

kommen

Kommen Sie?

Ja, wir kommen gleich.

wohnen

Wohnen Sie in Berlin?

Ja, ich wohne in Berlin.

Aprender

Os alunos aprendem muito?

Não, aprendem pouco.

Perguntar

Fazem muitas perguntas ao professor?

Não, não lhe pergunto muitas vezes.

Responder

Responda por favor.

Eu respondo.

Trabalhar

Ele está a trabalhar / *trabalhando (am.)*?

Sim, ele está a trabalhar / *trabalhando (am.)*.

Vir / chegar

Vêm?

Sim, já vamos.

Morar

Mora em Berlim?

Sim, moro em Berlim.

63 [dreiundsechzig]

Fragen stellen 2

63 [sessenta e três]

Fazer perguntas 2

Ich habe ein Hobby.	Eu tenho um passatempo / hobby.
Ich spiele Tennis.	Eu jogo ténis.
Wo ist ein Tennisplatz?	Onde há / *tem (am.)* um campo de ténis?
Hast du ein Hobby?	Tens / *Você tem (am.)* um passatempo / hobby?
Ich spiele Fußball.	Eu jogo futebol.
Wo ist ein Fußballplatz?	Onde há / *tem (am.)* um campo de futebol?
Mein Arm tut weh.	Dói-me o braço. / *Meu braço está doendo (am.).*
Mein Fuß und meine Hand tun auch weh.	Também me doiem / *estão doendo (am.)* o meu pé e a minha mão.
Wo ist ein Doktor?	Onde há / tem *(am.)* um médico?
Ich habe ein Auto.	Eu tenho um carro.
Ich habe auch ein Motorrad.	Também tenho uma mota / *moto (am.).*
Wo ist ein Parkplatz?	Onde há um parque de / *Onde tem um (am.)* estacionamento?
Ich habe einen Pullover.	Também tenho um pulover / *uma blusa de frio (am.).*
Ich habe auch eine Jacke und eine Jeans.	Também tenho um casaco e umas calças de ganga / *jeans (am.).*
Wo ist die Waschmaschine?	Onde está a máquina de lavar?
Ich habe einen Teller.	Eu tenho um prato.
Ich habe ein Messer, eine Gabel und einen Löffel.	Eu tenho uma faca, um garfo e uma colher.
Wo sind Salz und Pfeffer?	Onde estão o sal e a pimenta?

64 [vierundsechzig]

Verneinung 1

64 [sessenta e quatro]

Negação 1

Ich verstehe das Wort nicht.
Ich verstehe den Satz nicht.
Ich verstehe die Bedeutung nicht.

der Lehrer
Verstehen Sie den Lehrer?
Ja, ich verstehe ihn gut.

die Lehrerin
Verstehen Sie die Lehrerin?
Ja, ich verstehe sie gut.

die Leute
Verstehen Sie die Leute?
Nein, ich verstehe sie nicht so gut.

die Freundin
Haben Sie eine Freundin?
Ja, ich habe eine.

die Tochter
Haben Sie eine Tochter?
Nein, ich habe keine.

Eu não entendo a palavra.
Eu não entendo a frase.
Eu não entendo o significado.

o professor
Entende o professor?
Sim, eu entendo-o bem.

a professora
Entende a professora?
Sim, eu entendo-a bem.

as pessoas
Entende as pessoas?
Não, eu não as entendo muito bem.

a amiga
Tem uma amiga?
Sim, tenho uma.

a filha
Tem uma filha?
Não, eu não tenho.

65 [fünfundsechzig]

Verneinung 2

65 [sessenta e cinco]

Negação 2

Ist der Ring teuer?	O anel é caro?
Nein, er kostet nur hundert Euro.	Não, ele só custa cem Euros.
Aber ich habe nur fünfzig.	Mas eu só tenho cinquenta.
Bist du schon fertig?	Já acabaste / *acabou (am.)*?
Nein, noch nicht.	Não, ainda não.
Aber gleich bin ich fertig.	Mas logo terei acabado.
Möchtest du noch Suppe?	Queres / *Quer (am.)* mais sopa?
Nein, ich will keine mehr.	Não, eu não quero mais.
Aber noch ein Eis.	Mas mais um gelado / *sorvete (am.)*.
Wohnst du schon lange hier?	Já mora aqui há muito tempo?
Nein, erst einen Monat.	Não, só há um mês.
Aber ich kenne schon viele Leute.	Mas já conheço muitas pessoas.
Fährst du morgen nach Hause?	Vais / *Você vai (am.)* para casa amanhã?
Nein, erst am Wochenende.	Não, só no fim-de-semana.
Aber ich komme schon am Sonntag zurück.	Mas já volto no domingo.
Ist deine Tochter schon erwachsen?	A tua filha já é adulta?
Nein, sie ist erst siebzehn.	Não, ela só tem dezassete / *dezessete (am.)* anos.
Aber sie hat schon einen Freund.	Mas já tem um namorado.

66 [sechsundsechzig]

Possessivpronomen 1

66 [sessenta e seis]

Pronomes possessivos 1

ich - mein

Ich finde meinen Schlüssel nicht.

Ich finde meine Fahrkarte nicht.

du - dein

Hast du deinen Schlüssel gefunden?

Hast du deine Fahrkarte gefunden?

er - sein

Weißt du, wo sein Schlüssel ist?

Weißt du, wo seine Fahrkarte ist?

sie - ihr

Ihr Geld ist weg.

Und ihre Kreditkarte ist auch weg.

wir - unser

Unser Opa ist krank.

Unsere Oma ist gesund.

ihr - euer

Kinder, wo ist euer Vati?

Kinder, wo ist eure Mutti?

eu - meu / minha

Eu não encontro a minha chave.

Eu não encontro o meu bilhete / *a minha passagem (am.).*

tu - teu / tua

Encontraste a tua chave? / *Sabe onde está a sua chave?*

Encontraste o teu bilhete? / *Sabe onde está a sua passagem?*

ele - seu / sua

Sabes onde está a sua chave?

Sabes onde está o seu bilhete?

ela - seu / sua

O seu dinheiro desapareceu.

E o seu cartão de crédito também desapareceu.

nós - nosso / nossa

O nosso avô está doente.

A nossa avó está de saúde.

vós - vosso / vossa

Meninos, onde está o vosso pai?

Meninos, onde está a vossa mãe?

67 [siebenundsechzig]

Possessivpronomen 2

67 [sessenta e sete]

Pronomes possessivo

die Brille

Er hat seine Brille vergessen.

Wo hat er denn seine Brille?

os óculos

Ele esqueceu-se dos seus óculos.

Onde é que ele tem /*guarda (am.)* os seus óculos?

die Uhr

Seine Uhr ist kaputt.

Die Uhr hängt an der Wand.

o relógio

O seu relógio está avariado /*quebrado (am.)*.

O relógio está pendurado na parede.

der Pass

Er hat seinen Pass verloren.

Wo hat er denn seinen Pass?

o passaporte

Ele perdeu o seu passaporte.

Onde é que ele tem / *guarda (am.)* o seu passaporte?

sie - ihr

Die Kinder können ihre Eltern nicht finden.

Aber da kommen ja ihre Eltern!

ela - sua / seu (Sing.) suas / seus (Plu.)

As crianças não podem encontrar os seus pais.

Mas ali vêm os seus pais!

Sie - Ihr

Wie war Ihre Reise, Herr Müller?

Wo ist Ihre Frau, Herr Müller?

Eles - sua /seu (Sing.) / Suas /seus (Plu.)

Como foi a sua viagem, Senhor Müller?

Onde está a sua mulher / esposa, Senhor Müller?

Sie - Ihr

Wie war Ihre Reise, Frau Schmidt?

Wo ist Ihr Mann, Frau Schmidt?

Elas - sua / seu (Sing.) suas / seus (Plu.)

Como foi a sua viagem, Senhora Schmidt?

Onde está o seu marido, Senhora Schmidt?

68 [achtundsechzig]

groß - klein

68 [sessenta e oito]

Grande - pequeno

groß und klein	grande e pequeno
Der Elefant ist groß.	O elefante é grande.
Die Maus ist klein.	O rato é pequeno.
dunkel und hell	escuro e claro
Die Nacht ist dunkel.	A noite é escura.
Der Tag ist hell.	O dia é claro.
alt und jung	velho e jovem
Unser Großvater ist sehr alt.	O nosso avô é muito velho.
Vor 70 Jahren war er noch jung.	Há 70 anos ele ainda era jovem.
schön und hässlich	bonito e feio
Der Schmetterling ist schön.	A borboleta é bonita.
Die Spinne ist hässlich.	A aranha é feia.
dick und dünn	gordo e magro
Eine Frau mit 100 Kilo ist dick.	Uma mulher com 100 quilos é gorda.
Ein Mann mit 50 Kilo ist dünn.	Um homem com 50 quilos é magro.
teuer und billig	caro e barato
Das Auto ist teuer.	O carro é caro.
Die Zeitung ist billig.	O jornal é barato.

69 [neunundsechzig]

69 [sessenta e nove]

brauchen - wollen

precisar - querer

Ich brauche ein Bett.	Eu preciso de uma cama.
Ich will schlafen.	Eu quero dormir.
Gibt es hier ein Bett?	Há aqui uma cama? / *Tem uma cama aqui (am.)*?
Ich brauche eine Lampe.	Eu preciso de um candeeiro / *uma luminária (am.)*.
Ich will lesen.	Eu quero ler.
Gibt es hier eine Lampe?	Há aqui um candeeiro? / *Aqui tem uma luminária (am.)?*
Ich brauche ein Telefon.	Eu preciso de um telefone.
Ich will telefonieren.	Eu quero telefonar.
Gibt es hier ein Telefon?	Há aqui / *Aqui tem (am.)* um telefone?
Ich brauche eine Kamera.	Eu preciso de uma câmara.
Ich will fotografieren.	Eu quero tirar fotos.
Gibt es hier eine Kamera?	Há aqui / *Aqui tem (am.)* uma câmara?
Ich brauche einen Computer.	Eu preciso de um computador.
Ich will eine E-Mail schicken.	Eu quero enviar um e-mail.
Gibt es hier einen Computer?	Há aqui / *Aqui tem (am.)* um computador?
Ich brauche einen Kuli.	Eu preciso de uma caneta.
Ich will etwas schreiben.	Eu quero escrever qualquer coisa.
Gibt es hier ein Blatt Papier und einen Kuli?	Há aqui / *Aqui tem (am.)* uma folha / *um papel (am.)* e uma caneta?

70 [siebzig]

etwas *mögen*

70 [setenta]

Gostar de qualquer coisa

Möchten Sie rauchen?	Quer fumar?
Möchten Sie tanzen?	Quer dançar?
Möchten Sie spazieren gehen?	Quer passear?
Ich möchte rauchen.	Eu quero fumar.
Möchtest du eine Zigarette?	Queres / *Você quer (am.)* um cigarro?
Er möchte Feuer.	Ele quer lume / *isqueiro (am.).*
Ich möchte etwas trinken.	Eu quero beber alguma coisa.
Ich möchte etwas essen.	Eu quero comer alguma coisa.
Ich möchte mich etwas ausruhen.	Eu quero descansar um pouco.
Ich möchte Sie etwas fragen.	Eu quero perguntar-lhe / *lhe perguntar (am.)* uma coisa.
Ich möchte Sie um etwas bitten.	Eu quero pedir-lhe / *lhe pedir (am.)* um favor.
Ich möchte Sie zu etwas einladen.	Eu quero convidá-lo para alguma coisa.
Was möchten Sie bitte?	O que deseja, por favor?
Möchten Sie einen Kaffee?	Deseja um café?
Oder möchten Sie lieber einen Tee?	Ou prefere antes um chá?
Wir möchten nach Hause fahren.	Queremos ir para casa.
Möchtet ihr ein Taxi?	Querem um taxi?
Sie möchten telefonieren.	Eles querem telefonar.

71 [einundsiebzig]

etwas *wollen*

71 [setenta e um]

Querer qualquer cois

Was wollt ihr?
Wollt ihr Fußball spielen?
Wollt ihr Freunde besuchen?

wollen
Ich will nicht spät kommen.
Ich will nicht hingehen.

Ich will nach Hause gehen.
Ich will zu Hause bleiben.
Ich will allein sein.

Willst du hier bleiben?
Willst du hier essen?
Willst du hier schlafen?

Wollen Sie morgen abfahren?
Wollen Sie bis morgen bleiben?
Wollen Sie die Rechnung erst morgen bezahlen?

Wollt ihr in die Disko?
Wollt ihr ins Kino?
Wollt ihr ins Café?

O que querem?
Querem jogar bola?
Querem visitar amigos?

querer / desejar / gostar
Eu não quero chegar tarde.
Eu não quero ir.

Eu quero ir para casa.
Eu quero ficar em casa.
Eu quero estar sozinho/a.

Queres / *Você quer (am.)* ficar aqui?
Queres / *Você quer (am.)* comer aqui?
Queres / *Você quer (am.)* dormir aqui?

Quer partir amanhã?
Quer ficar até amanhã?
Quer pagar a conta só amanhã?

Quer ir à discoteca?
Quer ir ao cinema?
Quer ir ao café?

72 [zweiundsiebzig]

etwas *müssen*

72 [setenta e dois]

Ter de fazer qualquer coisa

müssen	ter de
Ich muss den Brief verschicken.	Tenho de mandar a carta.
Ich muss das Hotel bezahlen.	Tenho de pagar o hotel.
Du musst früh aufstehen.	Tens / *Você tem (am.)* de levantar cedo.
Du musst viel arbeiten.	Tens / *Você tem (am.)* de trabalhar muito.
Du musst pünktlich sein.	Tens / *Você tem (am.)* de ser pontual.
Er muss tanken.	Ele tem de pôr gasolina.
Er muss das Auto reparieren.	Ele tem de reparar / *consertar (am.)* o carro.
Er muss das Auto waschen.	Ele tem de lavar o carro.
Sie muss einkaufen.	Ela tem de fazer compras.
Sie muss die Wohnung putzen.	Ela tem de limpar o apartamento.
Sie muss die Wäsche waschen.	Ele tem de lavar a roupa.
Wir müssen gleich zur Schule gehen.	Logo a seguir temos de ir à escola.
Wir müssen gleich zur Arbeit gehen.	Logo a seguir temos de ir ao trabalho.
Wir müssen gleich zum Arzt gehen.	Logo a seguir temos de ir ao médico.
Ihr müsst auf den Bus warten.	Têm de esperar pelo autocarro. / *Eles têm esperar pelo ônibus (am.).*
Ihr müsst auf den Zug warten.	Têm de esperar pelo comboio. / *Eles têm de esperar pelo trem (am.).*
Ihr müsst auf das Taxi warten.	Têm de esperar pelo taxi. / *Eles têm de esperar pelo taxi (am.).*

73 [dreiundsiebzig]

73 [setenta e três]

etwas *dürfen*

Poder qualquer coisa

Darfst du schon Auto fahren?	Já podes / *Você já pode (am.)* andar de carro?
Darfst du schon Alkohol trinken?	Já podes / *Você já pode (am.)* beber álcool?
Darfst du schon allein ins Ausland fahren?	Já podes / *Você já pode (am.)* viajar sozinho para o estrangeiro/ *exterior (am.)*?
dürfen	Poder
Dürfen wir hier rauchen?	Podemos fumar aqui?
Darf man hier rauchen?	Pode-se fumar aqui?
Darf man mit Kreditkarte bezahlen?	Pode-se pagar com cartão de crédito?
Darf man mit Scheck bezahlen?	Pode-se pagar com cheque?
Darf man nur bar bezahlen?	Só se pode pagar em dinheiro?
Darf ich mal eben telefonieren?	Posso telefonar?
Darf ich mal eben etwas fragen?	Posso fazer uma pergunta?
Darf ich mal eben etwas sagen?	Posso dizer uma coisa?
Er darf nicht im Park schlafen.	Ele não pode dormir no parque.
Er darf nicht im Auto schlafen.	Ele não pode dormir no carro.
Er darf nicht im Bahnhof schlafen.	Ele não pode dormir na estação.
Dürfen wir Platz nehmen?	Podemos-nos sentar?
Dürfen wir die Speisekarte haben?	Podemos ter a ementa? /*Podemos ver o cardápio (am.)*?
Dürfen wir getrennt zahlen?	Podemos pagar em separado?

74 [vierundsiebzig]

um etwas *bitten*

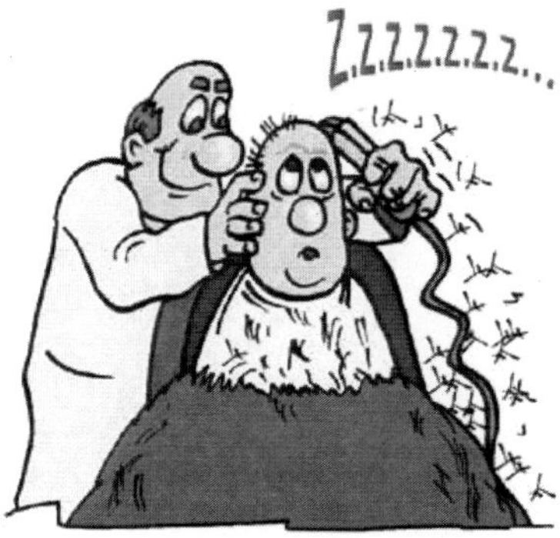

74 [setenta e quatro]

Pedir alguma coisa

Können Sie mir die Haare schneiden?	Pode-me cortar o cabelo? / *Pode cortar o meu cabelo (am.)?*
Nicht zu kurz, bitte.	Não muito curto, por favor.
Etwas kürzer, bitte.	Um bocado / *pouco (am.)* mais curto, por favor.
Können Sie die Bilder entwickeln?	Pode revelar fotografias?
Die Fotos sind auf der CD.	As fotografias estão no CD.
Die Fotos sind in der Kamera.	As fotografias estão na câmara / *camera (am.).*
Können Sie die Uhr reparieren?	Pode arranjar / *consertar (am.)* o relógio?
Das Glas ist kaputt.	O copo está partido.
Die Batterie ist leer.	A bateria está vazia / *descarregada (am.).*
Können Sie das Hemd bügeln?	Pode passar a camisa a ferro / *o ferro na camisa (am.)*?
Können Sie die Hose reinigen?	Pode limpar as calças?
Können Sie die Schuhe reparieren?	Pode arranjar /*calçar (am.)* os sapatos?
Können Sie mir Feuer geben?	Pode-me dar lume / *fogo (am.)*?
Haben Sie Streichhölzer oder ein Feuerzeug?	Tem fósforos ou um isqueiro?
Haben Sie einen Aschenbecher?	Tem um cinzeiro?
Rauchen Sie Zigarren?	*(Você)* Fuma charutos?
Rauchen Sie Zigaretten?	*(Você)* Fuma cigarros?
Rauchen Sie Pfeife?	*(Você)* Fuma cachimbo?

75 [fünfundsiebzig]

etwas *begründen* 1

75 [setenta e cinco]

Justificar qualquer cois

Warum kommen Sie nicht?

Das Wetter ist so schlecht.

Ich komme nicht, weil das Wetter so schlecht ist.

Warum kommt er nicht?

Er ist nicht eingeladen.

Er kommt nicht, weil er nicht eingeladen ist.

Warum kommst du nicht?

Ich habe keine Zeit.

Ich komme nicht, weil ich keine Zeit habe.

Warum bleibst du nicht?

Ich muss noch arbeiten.

Ich bleibe nicht, weil ich noch arbeiten muss.

Warum gehen Sie schon?

Ich bin müde.

Ich gehe, weil ich müde bin.

Warum fahren Sie schon?

Es ist schon spät.

Ich fahre, weil es schon spät ist.

Porque não vem?

O tempo está tão mau.

Eu não venho porque o tempo está tão mau.

Porque é que ele não vem?

Ele não é convidado.

Ele não vem porque não é convidado.

Porque não vens / *você não vem (am.)*?

Eu não tenho tempo.

Eu não venho porque não tenho tempo.

Porque não ficas / *você não fica (am.)*?

Ainda tenho que trabalhar.

Eu não fico porque ainda tenho que trabalhar.

Porque vai já / *você já vai (am.)*?

Eu estou com sono.

Eu vou porque estou com sono.

Porque parte já / *você já vai (am.)*?

Já é tarde.

Eu parto / *vou (am.)* porque já é tarde.

76 [sechsundsiebzig]

etwas *begründen* 2

76 [setenta e seis]

Justificar qualquer coisa 2

Warum bist du nicht gekommen?

Ich war krank.

Ich bin nicht gekommen, weil ich krank war.

Warum ist sie nicht gekommen?

Sie war müde.

Sie ist nicht gekommen, weil sie müde war.

Warum ist er nicht gekommen?

Er hatte keine Lust.

Er ist nicht gekommen, weil er keine Lust hatte.

Warum seid ihr nicht gekommen?

Unser Auto ist kaputt.

Wir sind nicht gekommen, weil unser Auto kaputt ist.

Warum sind die Leute nicht gekommen?

Sie haben den Zug verpasst.

Sie sind nicht gekommen, weil sie den Zug verpasst haben.

Warum bist du nicht gekommen?

Ich durfte nicht.

Ich bin nicht gekommen, weil ich nicht durfte.

Porque é que não vieste / *Por que você não veio (am.)*?

Eu estive doente.

Eu não vim porque estive doente.

Porque ela não veio?

Ela estava com sono.

Ela não veio porque estava com sono.

Porquê ele não veio?

Ele não estava com vontade.

Ele não veio porque não estava com vontade.

Porquê não vieram?

O nosso carro avariou-se / *quebrou (am.)*.

Nós não viemos porque o nosso carro se avariou / *quebrou (am.)*.

Porque é que as pessoas não vieram?

Eles / *Elas (am.)* perderam o comboio / *trem (am.)*.

Eles / *Elas (am.)* não vieram porque perderam o comboio / *trem (am.)*.

Porque é que não vieste? / *Porque que você não veio (am.)*?

Não pude.

Eu não vim porque não pude.

77 [siebenundsiebzig]

77 [setenta e sete]

etwas *begründen* 3

Justificar qualquer cois

Warum essen Sie die Torte nicht?
Ich muss abnehmen.
Ich esse sie nicht, weil ich abnehmen muss.

Porque é que não come a torta?
Eu tenho que emagrecer.
Eu não a como porque tenho que emagrecer.

Warum trinken Sie das Bier nicht?
Ich muss noch fahren.
Ich trinke es nicht, weil ich noch fahren muss.

Porquê não bebe a cerveja?
Eu ainda tenho que conduzir.
Eu não a bebo porque ainda tenho que conduzir.

Warum trinkst du den Kaffee nicht?
Er ist kalt.
Ich trinke ihn nicht, weil er kalt ist.

Porque é que não bebe o café?
Ele está frio.
Eu não o bebo porque está frio.

Warum trinkst du den Tee nicht?
Ich habe keinen Zucker.
Ich trinke ihn nicht, weil ich keinen Zucker habe.

Porque é que não bebe o chá?
Eu não tenho açúcar.
Eu não o bebo porque não tenho açúcar.

Warum essen Sie die Suppe nicht?
Ich habe sie nicht bestellt.
Ich esse sie nicht, weil ich sie nicht bestellt habe.

Porque é que não come / *toma (am.)* a sopa?
Eu não a pedi.
Eu não a como porque não a pedi.

Warum essen Sie das Fleisch nicht?
Ich bin Vegetarier.
Ich esse es nicht, weil ich Vegetarier bin.

Porque é que não come a carne?
Eu sou vegetariano/-a.
Eu não a como porque sou vegetariano/a.

78 [achtundsiebzig]

Adjektive 1

78 [setenta e oito]

Adjetivos 1

eine alte Frau	uma mulher velha
eine dicke Frau	uma mulher gorda
eine neugierige Frau	uma mulher curiosa
ein neuer Wagen	um carro novo
ein schneller Wagen	um carro rápido
ein bequemer Wagen	um carro confortável
ein blaues Kleid	um vestido azul
ein rotes Kleid	um vestido encarnado / *vermelho (am.)*
ein grünes Kleid	um vestido verde
eine schwarze Tasche	uma mala preta
eine braune Tasche	uma mala castanha / *marrom (am.)*
eine weiße Tasche	uma mala branca
nette Leute	pessoas simpáticas
höfliche Leute	pessoas bem-educadas
interessante Leute	pessoas interessantes
liebe Kinder	crianças amáveis
freche Kinder	crianças mal comportadas
brave Kinder	crianças bem comportadas

79 [neunundsiebzig]

Adjektive 2

79 [setenta e nove]

Adjetivos 2

Ich habe ein blaues Kleid an.	Eu estou a usar / *usando (am.)* um vestido azul.
Ich habe ein rotes Kleid an.	Eu estou a usar / *usando (am.)* vestido encarnado / *vermelho (am.).*
Ich habe ein grünes Kleid an.	Eu estou a usar / *usando (am.)* vestido verde.
Ich kaufe eine schwarze Tasche.	Eu compro uma mala preta.
Ich kaufe eine braune Tasche.	Eu compro uma mala castanha / *marrom (am.).*
Ich kaufe eine weiße Tasche.	Eu compro uma mala branca.
Ich brauche einen neuen Wagen.	Eu preciso de um carro novo.
Ich brauche einen schnellen Wagen.	Eu preciso de um carro rápido.
Ich brauche einen bequemen Wagen.	Eu preciso de um carro confortável.
Da oben wohnt eine alte Frau.	Ali em cima mora uma mulher velha.
Da oben wohnt eine dicke Frau.	Ali em cima mora uma mulher gorda.
Da unten wohnt eine neugierige Frau.	Ali em baixo mora uma mulher curiosa.
Unsere Gäste waren nette Leute.	Os nossos convidados eram pessoas simpáticas.
Unsere Gäste waren höfliche Leute.	Os nossos convidados eram pessoas bem-educadas.
Unsere Gäste waren interessante Leute.	Os nossos convidados eram pessoas interessantes.
Ich habe liebe Kinder.	Tenho crianças amáveis.
Aber die Nachbarn haben freche Kinder.	Mas os vizinhos têm crianças mal comportadas.
Sind Ihre Kinder brav?	As suas crianças são bem comportadas?

80 [achtzig]

Adjektive 3

80 [oitenta]

Adjetivos 3

Sie hat einen Hund.
Der Hund ist groß.
Sie hat einen großen Hund.

Ela tem um cão.
O cão é grande.
Ela tem um cão grande.

Sie hat ein Haus.
Das Haus ist klein.
Sie hat ein kleines Haus.

Ela tem uma casa.
A casa é pequena.
Ela tem uma casa pequena.

Er wohnt in einem Hotel.
Das Hotel ist billig.
Er wohnt in einem billigen Hotel.

Ele mora num hotel.
O hotel é barato.
Ele mora num hotel barato.

Er hat ein Auto.
Das Auto ist teuer.
Er hat ein teures Auto.

Ele tem um carro.
O carro é caro.
Ele tem um carro caro.

Er liest einen Roman.
Der Roman ist langweilig.
Er liest einen langweiligen Roman.

Ele lê um romance.
O romance é aborrecido / *cansativo (am.).*
Ele lê um romance aborrecido / *cansativo (am.).*

Sie sieht einen Film.
Der Film ist spannend.
Sie sieht einen spannenden Film.

Ela vê um filme.
O filme é excitante.
Ela vê um filme excitante.

81 [einundachtzig]

Vergangenheit 1

81 [oitenta e um]

Passado 1

schreiben

Er schrieb einen Brief.

Und sie schrieb eine Karte.

lesen

Er las eine Illustrierte.

Und sie las ein Buch.

nehmen

Er nahm eine Zigarette.

Sie nahm ein Stück Schokolade.

Er war untreu, aber sie war treu.

Er war faul, aber sie war fleißig.

Er war arm, aber sie war reich.

Er hatte kein Geld, sondern Schulden.

Er hatte kein Glück, sondern Pech.

Er hatte keinen Erfolg, sondern Misserfolg.

Er war nicht zufrieden, sondern unzufrieden.

Er war nicht glücklich, sondern unglücklich.

Er war nicht sympathisch, sondern unsympathisch.

Escrever

Ele escreveu uma carta.

Ela escrevia um postal.

Ler

Ele leu uma revista.

E ela leu um livro.

Pegar

Ele pegou num cigarro.

Ela pegou num bocado de chocolate.

Ele foi infiel, mas ela foi fiel.

Ele era preguiçoso, mas ela trabalhava muito.

Ele era pobre, mas ela era rica.

Ele não tinha dinheiro, só dívidas.

Ele não tinha sorte, só azar.

Ele não tinha sucesso, só insucesso.

Ele não estava satisfeito, mas insatisfeito.

Ele não estava feliz, mas infeliz.

Ele não era simpático, mas antipático.

82 [zweiundachtzig]

Vergangenheit 2

82 [oitenta e dois]

Passado 2

Musstest du einen Krankenwagen rufen?	Tivestes/ *Teve (am.)* de chamar uma ambulância?
Musstest du den Arzt rufen?	Tiveste/ *Teve (am.)* de chamar o médico?
Musstest du die Polizei rufen?	Tiveste/ *Teve (am.)* de chamar a polícia?
Haben Sie die Telefonnummer? Gerade hatte ich sie noch.	Tem o número de telefone? Ainda agora o tinha.
Haben Sie die Adresse? Gerade hatte ich sie noch.	Tem o endereço? Ainda agora o tinha.
Haben Sie den Stadtplan? Gerade hatte ich ihn noch.	Tem o mapa? Ainda agora o tinha.
Kam er pünktlich? Er konnte nicht pünktlich kommen.	Ele foi pontual? Ele não pôde ser pontual.
Fand er den Weg? Er konnte den Weg nicht finden.	Ele achou o caminho? Ele não podia achar o caminho.
Verstand er dich? Er konnte mich nicht verstehen.	Ele entendeu-te / *te entendeu (am.)*? Ele não me podia entender.
Warum konntest du nicht pünktlich kommen?	Porque é que *(você)* não podia(s) ser pontual?
Warum konntest du den Weg nicht finden?	Porque é que *(você)* não podia(s) achar o caminho?
Warum konntest du ihn nicht verstehen?	Porque é que *(você)* não podia(s) entender?
Ich konnte nicht pünktlich kommen, weil kein Bus fuhr.	Eu não pude ser pontual porque não havia autocarro / *ônibus (am.)*.
Ich konnte den Weg nicht finden, weil ich keinen Stadtplan hatte.	Eu não pude achar o caminho porque não tinha mapa.
Ich konnte ihn nicht verstehen, weil die Musik so laut war.	Eu não pude entender-lo porque a música estava muito alta.
Ich musste ein Taxi nehmen.	Eu tinha que apanhar / *pegar (am.)* um taxi.
Ich musste einen Stadtplan kaufen.	Eu tinha de comprar um mapa.
Ich musste das Radio ausschalten.	Eu tinha de desligar o rádio.

83 [dreiundachtzig]

Vergangenheit 3

83 [oitenta e três]

Passado 3

telefonieren	telefonar
Ich habe telefoniert.	Eu telefonei.
Ich habe die ganze Zeit telefoniert.	Eu estive / *fiquei (am.)* o tempo todo a telefonar / *telefonando (am.)*.
fragen	Perguntar
Ich habe gefragt.	Eu perguntei.
Ich habe immer gefragt.	Eu sempre perguntei.
erzählen	Contar
Ich habe erzählt.	Eu contei.
Ich habe die ganze Geschichte erzählt.	Eu contei a história toda.
lernen	Aprender
Ich habe gelernt.	Eu aprendi / estudei.
Ich habe den ganzen Abend gelernt.	Eu estudei a noite toda.
arbeiten	trabalhar
Ich habe gearbeitet.	Eu trabalhei.
Ich habe den ganzen Tag gearbeitet.	Eu trabalhei o dia inteiro.
essen	comer
Ich habe gegessen.	Eu comi.
Ich habe das ganze Essen gegessen.	Eu comi a comida toda.

84 [vierundachtzig]

Vergangenheit 4

84 [oitenta e quatro]

Passado 4

lesen	Ler
Ich habe gelesen.	Eu li.
Ich habe den ganzen Roman gelesen.	Eu li o romance todo.
verstehen	Entender
Ich habe verstanden.	Eu entendi.
Ich habe den ganzen Text verstanden.	Eu entendi o texto todo.
antworten	Responder
Ich habe geantwortet.	Eu respondi.
Ich habe auf alle Fragen geantwortet.	Eu respondi a todas as perguntas.
Ich weiß das - ich habe das gewusst.	Eu sei disto - eu sabia disto.
Ich schreibe das - ich habe das geschrieben.	Eu escrevo isto - eu escrevi isto.
Ich höre das - ich habe das gehört.	Eu ouço isto - eu ouvi isto.
Ich hole das - ich habe das geholt.	Eu agarro nisto - eu agarrei nisto.
Ich bringe das - ich habe das gebracht.	Eu trago isto - eu trouxe isto.
Ich kaufe das - ich habe das gekauft.	Eu compro isto - eu comprei isto.
Ich erwarte das - ich habe das erwartet.	Eu espero isto - eu esperei isto.
Ich erkläre das - ich habe das erklärt.	Eu explico isto - eu expliquei isto.
Ich kenne das - ich habe das gekannt.	Eu conheço isto - eu conhecia isto.

85 [fünfundachtzig]

Fragen - Vergangenheit 1

85 [oitenta e cinco]

Perguntas - passado

Wie viel haben Sie getrunken? | Quanto bebeu?
Wie viel haben Sie gearbeitet? | Quanto trabalhou?
Wie viel haben Sie geschrieben? | Quanto escreveu?

Wie haben Sie geschlafen? | Quanto dormiu?
Wie haben Sie die Prüfung bestanden? | Como passou o / *foi de (am.)* exame?
Wie haben Sie den Weg gefunden? | Como encontrou o caminho?

Mit wem haben Sie gesprochen? | Com quem falou?
Mit wem haben Sie sich verabredet? | Com quem teve um encontro?
Mit wem haben Sie Geburtstag gefeiert? | Com quem festejou o aniversário?

Wo sind Sie gewesen? | Onde estive?
Wo haben Sie gewohnt? | Onde viveu?
Wo haben Sie gearbeitet? | Onde trabalhou?

Was haben Sie empfohlen? | O que recomendeu?
Was haben Sie gegessen? | O que comeu?
Was haben Sie erfahren? | O que viveu?

Wie schnell sind Sie gefahren? | A que velocidade foi?
Wie lange sind Sie geflogen? | Quanto tempo voou?
Wie hoch sind Sie gesprungen? | A que altura saltou?

86 [sechsundachtzig]

agen - Vergangenheit 2

86 [oitenta e seis]

Perguntas - passado 2

Welche Krawatte hast du getragen?	Que gravata usaste / *você usou (am.)*?
Welches Auto hast du gekauft?	Que carro compraste / *você comprou (am.)*?
Welche Zeitung hast du abonniert?	Que jornal assinaste / *você assinou (am.)*?
Wen haben Sie gesehen?	Quem é que viu?
Wen haben Sie getroffen?	Quem é que encontrou?
Wen haben Sie erkannt?	Quem é que reconheceu?
Wann sind Sie aufgestanden?	Quando se levantou?
Wann haben Sie begonnen?	Quando começou?
Wann haben Sie aufgehört?	Quando terminou?
Warum sind Sie aufgewacht?	Porque é que acordou?
Warum sind Sie Lehrer geworden?	Porque é que se tornou professor?
Warum haben Sie ein Taxi genommen?	Porque é que apanhou / *pegou (am.)* um taxi?
Woher sind Sie gekommen?	De onde veio?
Wohin sind Sie gegangen?	Para onde foi?
Wo sind Sie gewesen?	Onde esteve?
Wem hast du geholfen?	A quem ajudaste / *você ajudou (am.)*?
Wem hast du geschrieben?	A/ *Para (am.)* quem escreveste / *você escreveu (am.)*?
Wem hast du geantwortet?	A/ *Para (am.)* quem respondeste / *você respondeu (am.)*?

87 [siebenundachtzig]

Vergangenheit der Modalverben 1

87 [oitenta e sete]

Passado dos verbos modais 1

Wir mussten die Blumen gießen.	Tivemos de regar as flores.
Wir mussten die Wohnung aufräumen.	Tivemos de arrumar o apartamento.
Wir mussten das Geschirr spülen.	Tivemos de lavar a louça.
Musstet ihr die Rechnung bezahlen?	Tiveram de pagar a conta?
Musstet ihr Eintritt bezahlen?	Tiveram de pagar a entrada?
Musstet ihr eine Strafe bezahlen?	Tiveram de pagar uma multa?
Wer musste sich verabschieden?	Quem é que teve que se despedir?
Wer musste früh nach Hause gehen?	Quem é que teve que ir para casa cedo?
Wer musste den Zug nehmen?	Quem é que teve que apanhar o comboio / *pegar o trem (am.)*?
Wir wollten nicht lange bleiben.	Nós não queríamos ficar muito tempo.
Wir wollten nichts trinken.	Nós não queríamos beber nada.
Wir wollten nicht stören.	Nós não queríamos incomodar.
Ich wollte eben telefonieren.	Eu queria telefonar agora mesmo.
Ich wollte ein Taxi bestellen.	Eu queria chamar um taxi.
Ich wollte nämlich nach Haus fahren.	Eu queria ir para casa.
Ich dachte, du wolltest deine Frau anrufen.	Eu pensei que querias / *você queria (am.)* telefonar para a tua mulher.
Ich dachte, du wolltest die Auskunft anrufen.	Eu pensei que querias / *você queria (am.)* telefonar para as informações.
Ich dachte, du wolltest eine Pizza bestellen.	Eu pensei que querias / *você queria (am.)* pedir uma pizza.

88 [achtundachtzig]

Vergangenheit der Modalverben 2

88 [oitenta e oito]

Passado dos verbos modais 2

Mein Sohn wollte nicht mit der Puppe spielen.	O meu filho não queria brincar com a boneca.
Meine Tochter wollte nicht Fußball spielen.	A minha filha não queria jogar bola.
Meine Frau wollte nicht mit mir Schach spielen.	A minha mulher não queria jogar xadrez comigo.
Meine Kinder wollten keinen Spaziergang machen.	Os meus filhos não queriam passear.
Sie wollten nicht das Zimmer aufräumen.	Eles não queriam arrumar o quarto.
Sie wollten nicht ins Bett gehen.	Eles não queriam ir para a cama.
Er durfte kein Eis essen.	Ele não podia comer gelado.
Er durfte keine Schokolade essen.	Ele não podia comer chocolate.
Er durfte keine Bonbons essen.	Ele não podia comer rebuçados / *bombons (am.).*
Ich durfte mir etwas wünschen.	Eu podia desejar qualquer coisa.
Ich durfte mir ein Kleid kaufen.	Eu podia comprar um vestido.
Ich durfte mir eine Praline nehmen.	Eu podia tirar um chocolate.
Durftest du im Flugzeug rauchen?	Podias / *Você podia (am.)* fumar no avião?
Durftest du im Krankenhaus Bier trinken?	Podias / *Você podia (am.)* beber cerveja no hospital?
Durftest du den Hund ins Hotel mitnehmen?	Podias / *Você podia (am.)* levar o cão para o hotel?
In den Ferien durften die Kinder lange draußen bleiben.	Nas férias as crianças podiam ficar na rua até tarde.
Sie durften lange im Hof spielen.	Eles podiam jogar muito tempo no pátio.
Sie durften lange aufbleiben.	Elas podiam ficar acordadas até tarde.

89 [neunundachtzig]

Imperativ 1

89 [oitenta e nove]

Imperativo 1

Du bist so faul - sei doch nicht so faul!
Du schläfst so lang - schlaf doch nicht so lang!
Du kommst so spät - komm doch nicht so spät!

Du lachst so laut - lach doch nicht so laut!
Du sprichst so leise - sprich doch nicht so leise!
Du trinkst zu viel - trink doch nicht so viel!

Du rauchst zu viel - rauch doch nicht so viel!
Du arbeitest zu viel - arbeite doch nicht so viel!
Du fährst so schnell - fahr doch nicht so schnell!

Stehen Sie auf, Herr Müller!
Setzen Sie sich, Herr Müller!
Bleiben Sie sitzen, Herr Müller!

Haben Sie Geduld!
Nehmen Sie sich Zeit!
Warten Sie einen Moment!

Seien Sie vorsichtig!
Seien Sie pünktlich!
Seien Sie nicht dumm!

És / *Você é (am.)* tão preguiçoso, não seja(s) tão preguiçoso!
Tu dormes / *Você dorme (am.)* até muito tarde - não durma(s) até tão tarde!
Tu vens / *Você vem (am.)* tão tarde - não venha(s) tão tarde!

Tu te ris / *Você ri (am.)* tão alto - não te ria(s) tão alto!
Tu falas / *Você fala (am.)* tão baixo - não fale(s) tão baixo!
Tu bebes / *Você bebe (am.)* demais - não beba(s) tanto!

Tu fumas / *Você fuma (am.)* demais - não fume(s) tanto!
Tu trabalhas / *Você trabalha (am.)* demais- não trabalhe(s) tanto!
Tu vais / *Você vai (am.)* tão depressa - não vás / vai / *va' (am.)* tão depressa!

Levante-se, Senhor Müller!
Sente-se, Senhor Müller!
Fique sentado, Senhor Müller!

Tenha paciência!
Vá com calma!
Espere um momento!

Tenha cuidado!
Seja pontual!
Não seja estúpido/a!

90 [neunzig]

Imperativ 2

90 [noventa]

Imperativo 2

Rasier dich!	Faz / *faça(am.)*a barba!
Wasch dich!	Lava-te! / *Tome banho / Lave-se (am.)*!
Kämm dich!	Penteia-te! / *Pentei-se (am.)*!
Ruf an! Rufen Sie an!	Telefone! / Liga! / *Ligue (am.)!*
Fang an! Fangen Sie an!	Comece! Comece o senhor!
Hör auf! Hören Sie auf!	Pára! Pare com isso!
Lass das! Lassen Sie das!	Deixa isso! / Deixe isso!
Sag das! Sagen Sie das!	Diz isto!Diga isto!
Kauf das! Kaufen Sie das!	Compra isto! Compre isto!
Sei nie unehrlich!	Nunca sejas / *seja (am.)* desonesto/a!
Sei nie frech!	Nunca sejas / *seja (am.)* atrevido/a!
Sei nie unhöflich!	Nunca sejas / *seja (am.)* mal-educado/a!
Sei immer ehrlich!	Sê / *Seja (am.)* sempre honesto/a!
Sei immer nett!	Sê / *Seja (am.)* sempre simpático/a!
Sei immer höflich!	Sê / *Seja (am.)* sempre bem-educado/a!
Kommen Sie gut nach Haus!	Chegue bem a casa!
Passen Sie gut auf sich auf!	Tome cuidado!
Besuchen Sie uns bald wieder!	Volte a visitar-nos /*nos visitar (am.)* em breve!

91 [einundneunzig]

Nebensätze mit *dass* 1

91 [noventa e um]

Oração subordinada c
que 1

Das Wetter wird vielleicht morgen besser. — O tempo talvez melhore amanhã.

Woher wissen Sie das? — Como sabe isso?

Ich hoffe, dass es besser wird. — Eu espero que melhore.

Er kommt ganz bestimmt. — Ele vem de / *com (am.)* certeza.

Ist das sicher? — De /*Com (am.)* certeza?

Ich weiß, dass er kommt. — Sei que ele vem.

Er ruft bestimmt an. — Ele de / *com (am.)* certeza vai telefonar.

Wirklich? — Verdade?

Ich glaube, dass er anruft. — Eu acredito que ele vai / *va' (am.)* telefonar.

Der Wein ist sicher alt. — O vinho é velho com certeza.

Wissen Sie das genau? — Sabe isso com certeza?

Ich vermute, dass er alt ist. — Eu suponho que seja velho.

Unser Chef sieht gut aus. — O nosso chefe está com bom aspecto.

Finden Sie? — Acha?

Ich finde, dass er sogar sehr gut aussieht. — Acho que realmente está com excelente aspecto.

Der Chef hat bestimmt eine Freundin. — O chefe tem com certeza uma namorada.

Glauben Sie wirklich? — Acha mesmo?

Es ist gut möglich, dass er eine Freundin hat. — É bem possível que ele tenha uma namorada.

92 [zweiundneunzig]

[N]ebensätze mit *dass* 2

92 [noventa e dois]

Oração subordinada com *que* 2

Es ärgert mich, dass du schnarchst. — Irrita-me que ressones. / *Me irrita quando você ronca (am.).*

Es ärgert mich, dass du so viel Bier trinkst. — Irrita-me que bebas / *Me irrita quando você bebe(am.)* tanta cerveja.

Es ärgert mich, dass du so spät kommst. — Irrita-me que chegues / *Me irrita quando você chegua (am.)* tão tarde.

Ich glaube, dass er einen Arzt braucht. — Eu acho que ele precisa de um médico.

Ich glaube, dass er krank ist. — Eu acho que ele está doente.

Ich glaube, dass er jetzt schläft. — Eu acho que ele agora está a dormir /*dormindo (am.).*

Wir hoffen, dass er unsere Tochter heiratet. — Nós esperamos / *desejamos (am.)* que ele se case com a nossa filha.

Wir hoffen, dass er viel Geld hat. — Nós esperamos /*desejamos (am.)* que ele tenha muito dinheiro.

Wir hoffen, dass er Millionär ist. — Nós esperamos / *desejamos (am.)* que ele seja milionário.

Ich habe gehört, dass deine Frau einen Unfall hatte. — Eu ouvi que a tua mulher teve um acidente.

Ich habe gehört, dass sie im Krankenhaus liegt. — Eu ouvi que ela está no hospital.

Ich habe gehört, dass dein Auto total kaputt ist. — Eu ouvi que o teu carro está todo destruído.

Es freut mich, dass Sie gekommen sind. — Alegro-me que tenha vindo.

Es freut mich, dass Sie Interesse haben. — Alegro-me que tenha interesse.

Es freut mich, dass Sie das Haus kaufen wollen. — Alegro-me que queira comprar a casa.

Ich fürchte, dass der letzte Bus schon weg ist. — Eu receio que o último autocarro /*ônibus (am.)* já tenha ido embora.

Ich fürchte, dass wir ein Taxi nehmen müssen. — Eu receio que teremos de apanhar / *pegar (am.)* um taxi.

Ich fürchte, dass ich kein Geld bei mir habe. — Eu receio não ter nenhum dinheiro comigo.

93 [dreiundneunzig]

Nebensätze mit *ob*

93 [noventa e três]

Oração subordinada c
se

Ich weiß nicht, ob er mich liebt.
Ich weiß nicht, ob er zurückkommt.
Ich weiß nicht, ob er mich anruft.

Eu não sei se ele me ama.
Eu não sei se ele volta.
Eu não sei se ele me telefona.

Ob er mich wohl liebt?
Ob er wohl zurückkommt?
Ob er mich wohl anruft?

Será que ele me ama?
Será que ele volta?
Será que ele me telefona?

Ich frage mich, ob er an mich denkt.
Ich frage mich, ob er eine andere hat.
Ich frage mich, ob er lügt.

Eu pergunto-me se ele pensa em mim.
Eu pergunto-me se ele tem outra.
Eu pergunto-me se ele está a mentir.

Ob er wohl an mich denkt?
Ob er wohl eine andere hat?
Ob er wohl die Wahrheit sagt?

Será que ele pensa em mim?
Será que ele tem outra?
Será que ele diz a verdade?

Ich zweifele, ob er mich wirklich mag.
Ich zweifele, ob er mir schreibt.
Ich zweifele, ob er mich heiratet.

Eu duvido se ele realmente gostará / *gosta (am.)* de mim.
Eu duvido que ele me escreva.
Eu duvido que ele se case comigo.

Ob er mich wohl wirklich mag?
Ob er mir wohl schreibt?
Ob er mich wohl heiratet?

Será que ele realmente gosta de mim?
Será que ele me escreve?
Será que ele se casa comigo?

94 [vierundneunzig]

Konjunktionen 1

Warte, bis der Regen aufhört.
Warte, bis ich fertig bin.
Warte, bis er zurückkommt.

Ich warte, bis meine Haare trocken sind.
Ich warte, bis der Film zu Ende ist.
Ich warte, bis die Ampel grün ist.

Wann fährst du in Urlaub?
Noch vor den Sommerferien?
Ja, noch bevor die Sommerferien beginnen.

Reparier das Dach, bevor der Winter beginnt.

Wasch deine Hände, bevor du dich an den Tisch setzt.

Schließ das Fenster, bevor du rausgehst.

Wann kommst du nach Hause?
Nach dem Unterricht?
Ja, nachdem der Unterricht aus ist.

Nachdem er einen Unfall hatte, konnte er nicht mehr arbeiten.

Nachdem er die Arbeit verloren hatte, ist er nach Amerika gegangen.

Nachdem er nach Amerika gegangen war, ist er reich geworden.

94 [noventa e quatro]

Conjunção 1

Espera / *Espere (am.)* até que a chuva pare.
Espera / *Espere (am.)* até eu acabar.
Espera / *Espere (am.)* até ele voltar.

Eu espero até que os meus cabelos estejam secos.
Eu espero até que o filme tenha acabado.
Eu espero até que o semáforo fique verde.

Quando vais / *você saira' (am.)* de férias?
Ainda antes das férias do verão?
Sim, ainda antes das férias do verão começarem.

Arranja o tecto / *Conserte o telhado (am.)* antes que comece o inverno.

Limpa as mãos antes de te sentares / *você se sentar (am.)* à mesa.

Fecha a janela antes de sair.

Quando voltas / *você volta (am.)* para casa?
Depois das aulas?
Sim, depois das aulas terem terminado.

Depois de ele ter tido um acidente, ele não pôde mais trabalhar.

Depois de ter perdido o trabalho ele foi para os Estados Unidos.

Depois de ele ter ido para os Estados Unidos, ele ficou rico.

95 [fünfundneunzig] | 95 [noventa e cinco]

Konjunktionen 2 | Conjunção 2

Seit wann arbeitet sie nicht mehr?	Desde quando ela deixou de trabalhar?
Seit ihrer Heirat?	Desde o seu casamento?
Ja, sie arbeitet nicht mehr, seitdem sie geheiratet hat.	Sim, ela já não trabalha mais desde que se casou.
Seitdem sie geheiratet hat, arbeitet sie nicht mehr.	Desde que casou ela já não trabalha mais.
Seitdem sie sich kennen, sind sie glücklich.	Desde que eles se conhecem estão felizes.
Seitdem sie Kinder haben, gehen sie selten aus.	Desde que têm crianças saem pouco.
Wann telefoniert sie?	Quando é que ela telefona?
Während der Fahrt?	Durante a viagem?
Ja, während sie Auto fährt.	Sim, enquanto ela está a conduzir / *dirigindo (am.).*
Sie telefoniert, während sie Auto fährt.	Ela telefona enquanto está a conduzir / *dirigindo (am.).*
Sie sieht fern, während sie bügelt.	Ela vê televisão enquanto passa a roupa.
Sie hört Musik, während sie ihre Aufgaben macht.	Ela ouve música enquanto faz as suas tarefas.
Ich sehe nichts, wenn ich keine Brille habe.	Eu não vejo nada quando estou sem óculos.
Ich verstehe nichts, wenn die Musik so laut ist.	Eu não entendo nada quando a música está muito alta.
Ich rieche nichts, wenn ich Schnupfen habe.	Eu não sinto cheiro nenhum quando estou constipado / *gripado (am.).*
Wir nehmen ein Taxi, wenn es regnet.	Nós vamos apanhar / *pegar (am.)* um taxi se chover.
Wir reisen um die Welt, wenn wir im Lotto gewinnen.	Nós vamos fazer uma viagem à / *em (am.)* volta do mundo quando ganharmos na loteria.
Wir fangen mit dem Essen an, wenn er nicht bald kommt.	Nós vamos começar a comer se ele não vier daqui a pouco.

96 [sechsundneunzig]

Konjunktionen 3

96 [noventa e seis]

Conjunção 3

Ich stehe auf, sobald der Wecker klingelt.

Ich werde müde, sobald ich lernen soll.

Ich höre auf zu arbeiten, sobald ich 60 bin.

Wann rufen Sie an?

Sobald ich einen Moment Zeit habe.

Er ruft an, sobald er etwas Zeit hat.

Wie lange werden Sie arbeiten?

Ich werde arbeiten, solange ich kann.

Ich werde arbeiten, solange ich gesund bin.

Er liegt im Bett, anstatt dass er arbeitet.

Sie liest die Zeitung, anstatt dass sie kocht.

Er sitzt in der Kneipe, anstatt dass er nach Hause geht.

Soweit ich weiß, wohnt er hier.

Soweit ich weiß, ist seine Frau krank.

Soweit ich weiß, ist er arbeitslos.

Ich hatte verschlafen, sonst wäre ich pünktlich gewesen.

Ich hatte den Bus verpasst, sonst wäre ich pünktlich gewesen.

Ich hatte den Weg nicht gefunden, sonst wäre ich pünktlich gewesen.

Eu levanto-me / *me levanto (am.)* logo quando o despertador toca.

Eu fico com sono quando tenho de estudar.

Eu paro de trabalhar quando fizer 60 anos.

Quando vai telefonar?

Quando tiver um pouco de tempo.

Ele telefona quando tiver um pouco de tempo.

Quanto tempo vai trabalhar?

Eu vou trabalhar enquanto puder.

Eu vou trabalhar enquanto estiver de / *com (am.)* boa saúde.

Ele está na cama em vez de trabalhar.

Ela lê o jornal em vez de cozinhar.

Ele está no bar em vez de ir para casa.

Pelo que eu sei ele mora aqui.

Pelo que eu sei a sua mulher está doente.

Pelo que eu sei ele está desempregado.

Eu adormeci, senão teria sido pontual.

Eu perdi o autocarro / *ônibus (am.)*, senão teria sido pontual..

Eu não encontrei o caminho, senão teria sido pontual.

Konjunktionen 4 | Conjunção 4

Er ist eingeschlafen, obwohl der Fernseher an war.	Ele adormeceu mesmo com a televisão ligada.
Er ist noch geblieben, obwohl es schon spät war.	Ele ainda ficou mesmo já sendo tarde.
Er ist nicht gekommen, obwohl wir uns verabredet hatten.	Ele não veio apesar de nós termos marcado um encontro.
Der Fernseher war an. Trotzdem ist er eingeschlafen.	A televisão estava ligada. Mesmo assim ele adormeceu.
Es war schon spät. Trotzdem ist er noch geblieben.	Já era tarde. Mesmo assim ele ainda ficou.
Wir hatten uns verabredet. Trotzdem ist er nicht gekommen.	Nós tinhamos marcado um encontro. Mesmo assim ele não veio.
Obwohl er keinen Führerschein hat, fährt er Auto.	Mesmo não tendo carta de condução *dirige (am.).*
Obwohl die Straße glatt ist, fährt er schnell.	Mesmo a rua sendo escorregadia ele vai depressa.
Obwohl er betrunken ist, fährt er mit dem Rad.	Mesmo estando bêbado ele vai de bicicleta.
Er hat keinen Führerschein. Trotzdem fährt er Auto.	Ele não tem carteira de habilitação *(am.).* Mesmo assim ele conduz.
Die Straße ist glatt. Trotzdem fährt er so schnell.	A rua está escorregadia. Mesmo assim ele vai depressa.
Er ist betrunken. Trotzdem fährt er mit dem Rad.	Ele está bêbado. Mesmo assim ele vai de bicicleta.
Sie findet keine Stelle, obwohl sie studiert hat.	Ela não encontra emprego mesmo tendo estudado.
Sie geht nicht zum Arzt, obwohl sie Schmerzen hat.	Ela não vai ao médico mesmo tendo dores.
Sie kauft ein Auto, obwohl sie kein Geld hat.	Ela compra um carro mesmo não tendo dinheiro.
Sie hat studiert. Trotzdem findet sie keine Stelle.	Ela estudou. Mesmo assim ela não encontra emprego.
Sie hat Schmerzen. Trotzdem geht sie nicht zum Arzt.	Ela tem dores. Mesmo assim ela não vai ao médico.
Sie hat kein Geld. Trotzdem kauft sie ein Auto.	Ela não tem dinheiro. Mesmo assim ela compra um carro.

›ppelte Konjunktionen

Conjunção dupla

Die Reise war zwar schön, aber zu anstrengend.	A viagem foi bonita mas demasiado / *muito (am.)* cansativa.
Der Zug war zwar pünktlich, aber zu voll.	O comboio / *trem (am.)* foi pontual mas demasiado / *muito (am.)* cheio.
Das Hotel war zwar gemütlich, aber zu teuer.	O hotel era confortável mas demasiado / *muito (am.)* caro.
Er nimmt entweder den Bus oder den Zug.	Ele apanha o autocarro ou o comboio. / *Ele pegao ônibusou o trem (am.).*
Er kommt entweder heute Abend oder morgen früh.	Ele vem hoje à noite ou amanhã de manhã.
Er wohnt entweder bei uns oder im Hotel.	Ele mora connosco ou no hotel.
Sie spricht sowohl Spanisch als auch Englisch.	Ela fala tanto espanhol como / *quanto (am.)* inglês.
Sie hat sowohl in Madrid als auch in London gelebt.	Ela morou tanto em Madrid como / *quanto (am.)* em Londres.
Sie kennt sowohl Spanien als auch England.	Ela conhece tanto a Espanha como / *quanto (am.)* a Inglaterra.
Er ist nicht nur dumm, sondern auch faul.	Ele não é só estúpido mas também é preguiçoso.
Sie ist nicht nur hübsch, sondern auch intelligent.	Ela não é só bonita, mas também inteligente.
Sie spricht nicht nur Deutsch, sondern auch Französisch.	Ela não fala só alemão, mas também francês.
Ich kann weder Klavier noch Gitarre spielen.	Eu não toco nem piano nem guitarra.
Ich kann weder Walzer noch Samba tanzen.	Eu não sei dançar nem a valsa nem o samba.
Ich mag weder Oper noch Ballett.	Eu não gosto nem de ópera nem de ballet.
Je schneller du arbeitest, desto früher bist du fertig.	Quanto mais rápido trabalhares / *você trabalhar (am.)*, mais cedo estará(s) pronto.
Je früher du kommst, desto früher kannst du gehen.	Quanto mais cedo vieres / *você vier (am.)*, mais cedo poderá(s) ir embora.
Je älter man wird, desto bequemer wird man.	Quanto mais velho se fica, mais confortável se é.

99 [neunundneunzig] 99 [noventa e nove]

Genitiv / Genitivo

die Katze meiner Freundin	O gato da minha amiga.
der Hund meines Freundes	O cão do meu namorado/amigo.
die Spielsachen meiner Kinder	Os brinquedos dos meus filhos.
Das ist der Mantel meines Kollegen.	Este é o casaco do meu colega.
Das ist das Auto meiner Kollegin.	Este é o carro da minha colega.
Das ist die Arbeit meiner Kollegen.	Este é o trabalho dos meus colegas.
Der Knopf von dem Hemd ist ab.	O botão da camisa caiu.
Der Schlüssel von der Garage ist weg.	A chave da garagem desapareceu.
Der Computer vom Chef ist kaputt.	O computador do chefe avariou-se / *quebrou (am.)*.
Wer sind die Eltern des Mädchens?	Quem são os pais da rapariga /*da moça (am.)*?
Wie komme ich zum Haus ihrer Eltern?	Como chego à casa dos seus pais?
Das Haus steht am Ende der Straße.	A casa está no fim da rua.
Wie heißt die Hauptstadt von der Schweiz?	Como se chama a capital da Suíça?
Wie heißt der Titel von dem Buch?	Qual é o título do livro?
Wie heißen die Kinder von den Nachbarn?	Como se chamam os filhos dos vizinhos?
Wann sind die Schulferien von den Kindern?	Quando são as férias da escola das crianças?
Wann sind die Sprechzeiten von dem Arzt?	Quais são os horários de consulta do médico?
Wann sind die Öffnungszeiten von dem Museum?	Quais são os horários de abertura do museu?

100 [hundert]

Adverbien

100 [cem]

Advérbio

schon einmal - noch nie
Sind Sie schon einmal in Berlin gewesen?
Nein, noch nie.

já ... alguma vez - nunca
Já esteve em Berlim alguma vez?
Não, nunca.

jemand - niemand
Kennen Sie hier jemand(en)?
Nein, ich kenne hier niemand(en).

alguém - ninguém
Conhece aqui alguém?
Não, não conheço aqui ninguém.

noch - nicht mehr
Bleiben Sie noch lange hier?
Nein, ich bleibe nicht mehr lange hier.

Um pouco mais - mais não
Ainda fica muito tempo aqui?
Não, eu não fico muito mais tempo aqui.

noch etwas - nichts mehr
Möchten Sie noch etwas trinken?
Nein, ich möchte nichts mehr.

mais alguma coisa - mais nada
Quer beber mais alguma coisa?
Não, eu não quero mais nada.

schon etwas - noch nichts
Haben Sie schon etwas gegessen?
Nein, ich habe noch nichts gegessen.

já ... alguma coisa - ainda não...nada
Já comeu alguma coisa?
Não, eu ainda não comi nada.

noch jemand - niemand mehr
Möchte noch jemand einen Kaffee?
Nein, niemand mehr.

mais alguém - mais ninguém
Mais alguém quer um café?
Não, mais ninguém quer um café.

END